이야기와 활동지가 있는

재미있는 문화유산 수업

이야기와 활동지가 있는

재미있는 문화유산 수업

류재만 · 김선아 · 김은미 · 송미영 · 이수지 공저

교육과학사

머리말

안녕하세요?

이 책을 펼쳐주신 선생님들께 진심으로 감사드립니다.

이 책은 선생님들께서 유물을 가르치는 데 필요한 다양한 자료와 수업 아이디어를 제공하고자 집필하였습니다. 각 유물에 대해 깊이 있으면서도 쉽고 흥미로운 설명을 제공함으로써, 역사 교육의 전반적인 이해를 돕고 교실에서 효과적으로 활용할 수 있는 책을 만들고자 노력했습니다.

본문에는 유물 소개와 더불어 학생들에게 들려줄 수 있는 정말 재밌는 유물 발견 이야기와 관련 사진을 많이 넣었습니다. <핵심 쏙쏙>에는 수업 중 사용할 수 있는 다양한 질문과 답을 넣었고, <흥미 솔솔>에는 수업시간에 학생들에게 호기심과 재미를 줄 수 있는 우리 유물과 관련된 다양한 이야기나 영상 자료를 많이 넣었습니다. 또한, 각각의 유물 소개 마지막 장에는 수업 시간에 바로 활용할 수 있는 다양한 학습지가 포함되어 있습니다. 학습지에는 학생들의 유물에 대한 이해도를 높이고, 호기심을 자극할 수 있는 활동들이 들어 있습니다. 학습지 활용을 통해 학생들이 유물에 대해 단순히 배우는 것을 넘어, 그 속에서 의미를 찾고, 자신의 생각을 정리하며, 더 나아가 창의적인 사고를 할 수 있도록 돕기를 바랍니다.

교과서에 나오는 유물을 가르치는 일이 때로는 어려운 도전이 될 수 있습니다. 유물이라는 것이 단순히 과거의 물건이 아니라, 그 속에 담긴 역사와 문화, 조상들의 삶의 이야기를 이해하는 중요한 열쇠이기 때문입니다. 또한, 유물에 담긴 의미가 오늘날 우리의 삶과도 이어질 수 있는 중요한 가치이므로, 학생들이 유물의 역사적, 문화적 중요성을 스스로 깨닫고, 그 안에 숨겨진 이야기를 자연스럽게 탐구할 수 있는 방향으로 지도하는 데 이 책이 도움이 되기를 바랍니다.

선생님들의 수업을 통해 학생들에게 역사와 문화에 대한 깊은 관심을 불러일으키고, 유물 학습이 즐겁고 유익한 시간이 될 수 있기를 진심으로 기원하며, 이 책이 그 길에 작은 디딤돌이 되기를 소망합니다. 다시 한번, 이 책을 선택해 주신 선생님들께 깊은 감사의 말씀을 드립니다.

감사합니다.

2025년 4월

집필진 일동

차례

이야기와 활동지가 있는

재미있는 문화유산 수업

다양한 용도로 사용된
1. 주먹도끼

주먹도끼(길이 23.6cm, 연천 전곡리 출토, 구석기 시대)

주먹도끼는 끝부분이 뾰족한 타원형 석기로 구석기 시대에 사용된 대표적인 도구입니다. 인간이 발명한 도구 중에서 가장 오래된 것 중 하나이며 뭉툭한 부분을 손으로 쥐고 찍고 자르는 등, 사냥과 채집을 비롯한 생활 전반에 사용했습니다.

주먹도끼는 뗀석기의 일종으로 돌의 한쪽을 떼어 낸 뒤 반대편을 다시 떼어 내 지그재그 모양의 양면 날을 만들었습니다. 구석기인들은 미리 전체적인 모양을 생각하고 계획을 세워 원하는 형태의 주먹도끼를 제작했습니다.

이 주먹도끼는 연천 전곡리에서 출토된 것입니다. 1940년대 초반 미국 고고학자 모비우스(H. L. Movius)는 구석기 문화를 유럽의 주먹도끼 문화권과 아시아의 찍개 문화권으로 분류하고, 동아시아 지역에는 주먹도끼가 없다고 주장했습니다. 그의 학설은 동아시아 지역이 유럽, 아프리카, 중동 지역에 비해 문화적 인종적으로 뒤처졌다는 의미였습니다. 그러나 1978년 전곡리에서 동아시아 최초로 주먹도끼가 발견되자 세계 고고학계는 크게 놀랐고, 이러한 이분법적 이론은 폐기되었습니다.

다양한 용도로 사용된, ????

특종

놀라운 발견!

1978년 세계 역사학계는 크나큰 충격을 받았어요. 연천 구석기 유적의 발견으로 우리나라 구석기 역사는 물론 세계 구석기 역사책을 새로 써야 했기 때문이에요. 연천 전곡리 한탄강변에서 아시아 최초로 구석기 시대의 전형적인 가 발견된 것이었어요.

는 끝부분이 뾰족한 타원형 석기로 구석기 시대에 사용된 대표적인 도구인데, 뭉툭한 부분을 손으로 쥐고 찍고 자르는 등 사냥과 채집을 비롯한 생활 전반에 사용했어요.

이것은 아주 우연한 기회에 발견되었어요. 우리나라에 그렉 보웬이라는 주한미군 병사가 있었는데 1978년 어느 날, 여자 친구와 한탄강으로 나들이를 갔어요. 거기서 여자 친구가 특이하게 생긴 돌 하나를 주워 왔고, 그 돌을 본 그렉 보웬은 그것이 일지도 모른다고 생각했어요.

그래서 혹시나 하는 마음에 전곡리 일대를 열심히 찾아봤는데, 거기서 또 다른 여러 를 발견했어요. 그는 사실 학비를 벌려고 해외로 파병나온 고고학과 대학생이었고, 그래서 그 돌을 알아볼 수 있었던 것이에요.

그 후 그는 연천 전곡리에서 발견한 것이 진짜인지 확인하기 위해 사진과 함께 글을 써서 세계적인 고고학 전문가인 프랑수아 보르드 교수에게 보냈고 확인을 받았어요. 이후 소식을 듣게 된 우리나라 서울대 고고학 팀이 한탄강과 연천 전곡리 일대에서 유물들을 발굴하게 되었어요.

▣ 빈칸에 공통적으로 들어갈 단어는 무엇일까요?

<정답>

열매나 곡물을 갈았던

2. 갈돌과 갈판

갈돌과 갈판(갈돌 약 28.3cm, 갈판 약 44.5cm, 신석기 시대)

갈돌은 갈판과 한 세트를 이루어 열매나 곡물 등의 껍질을 벗기거나 으깨고 그것들을 가루로 만드는 데 사용한 조리용 석기입니다. 넓고 납작한 갈판에 열매나 알곡 등을 올려놓고 길쭉한 갈돌을 양손으로 잡고 밀고 당기는 방식으로 사용했습니다. 갈돌과 갈판은 신석기 시대 초기부터 도토리 같은 견과류의 가공에 사용되다가 이후 농경이 점차 증가하면서 곡물 가공에도 쓰였습니다.

갈돌은 알곡을 빻는 공이로, 석기를 만드는 망치로, 조개껍데기를 깨는 도구로도 사용되는 등 다양한 기능을 가졌던 것으로 여겨집니다. 갈돌과 갈판은 오늘날 절구, 맷돌, 믹서기 등과 비슷하다고 할 수 있습니다.

열매나 곡물을 갈았던, 갈돌과 갈판

▣ 갈돌과 갈판을 관찰하며 빈칸을 채워 봅시다.

이 유물의 재료는 무엇인가요?	
오늘날의 어떤 도구와 비슷해 보이나요?	
이 유물은 어느 시대에 만들어졌을까요?	
갈돌과 갈판의 모양을 보고, 어떻게 사용했을지 추측해 봅시다.	
도토리 같은 열매를 먹다가 이후 벼농사가 시작되어 쌀을 먹게 되면서 이 유물의 활용도는 어떻게 바뀌었을까요?	

신석기 문화의 상징

3. 빗살무늬 토기

빗살무늬 토기(현재 높이 38.1cm, 신석기 시대)

빗살무늬 토기는 신석기 시대를 대표하는 토기로, 반계란 형태에 점과 선으로 이루어진 여러 가지 기하학적 무늬가 새겨져 있습니다. 빗살무늬 토기는 우리나라에서 가장 먼저 만들어진 토기는 아니지만, 한반도 전체로 퍼져 나갔으며 오랫동안 사용되었습니다. 그래서 신석기 시대를 대표하는 토기라고 할 수 있습니다.

신석기 시대 사람들은 점토를 불에 구우면 단단해진다는 사실을 발견하였고, 이를 이용해 토기를 만들었습니다. 토기를 이용해 식량을 보관하거나 불로 조리하는 것이 가능해지면서 다양한 음식을 먹을 수 있게 되었습니다.

빗살무늬 토기의 바닥은 왜 뾰족할까요?

신석기 시대 사람들은 구석기 시대 사람들과 달리 물과 식량이 풍부한 강가나 해안가에 움집을 만들고, 농사를 지으며 살았습니다. 강가나 해안가 땅은 쉽게 파이기 때문에 구덩이를 파서 토기를 그 속에 세워놓기 편리하도록 토기의 바닥 부분을 뾰족하게 만든 것으로 추측하고 있습니다.

빗살무늬 토기의 무늬

빗살무늬 토기는 뼈, 나무 등으로 누르거나 그어서 무늬를 만들었습니다. 전체적인 무늬가 빗 모양이라서 '빗살무늬' 토기입니다. 또한 엇갈린 직선 무늬가 물고기 뼈 같다고 하여 '어골문'이라고 부르기도 합니다.

이 밖에도 원이나 점을 반복하여 전체적인 무늬를 만들기도 하였습니다. 이 무늬들이 어떤 의미인지 아직 밝혀지지는 않았지만 자연 속에서 살아가던 신석기인들의 세계관이 담겨 있을 것이라고 여겨집니다. 규칙적인 원이나 점, 생선뼈 무늬를 통해 신석기 시대 사람들의 미적 감각을 살펴볼 수 있습니다.

다양한 무늬가 나타나는
빗살무늬 토기들을
살펴보아요.

빗살무늬 토기
(현재 높이 25.9cm, 신석기 시대)

빗살무늬 토기
(현재 높이 20.8cm, 신석기 시대)

빗살무늬 토기
(현재 높이 15.2cm, 신석기 시대)

수업? 재미 up! 흥미 up!

핵심 쏙쏙

▣ 이 토기의 이름은 무엇인가요?

▷ 빗살무늬 토기입니다.

▣ 이 토기는 어느 시대에 만들어 사용했을까요?

▷ 신석기 시대입니다.

▣ 이 시기 사람들은 주로 어디에 살았나요?

▷ 물과 식량이 풍부한 강가나 바닷가에 살았습니다.

▣ 이 토기를 만들고 난 뒤 신석기 시대 사람들의 생활은 어떻게 달라졌을까요?

▷ 음식을 불로 요리할 수 있게 되었습니다.

▷ 음식을 저장해 놓고 먹을 수 있게 되었습니다.

▣ 토기 바닥의 모양은 어떠한가요? 왜 그럴까요?

▷ 뾰족합니다. 모래나 흙에 구멍을 파서 토기를 세우기 편리하기 때문입니다.

▣ 겉표면에 어떤 무늬가 보이나요?

▷ 원, 점, 머리빗, 마름모 등이 보입니다.

흥미 솔솔

▣ 서울 암사동 유적

서울 강동구에 있는 암사동 유적은 한강 근처에 있는 대표적인 신석기 시대 유적입니다. 1925년 대홍수로 유적의 일부가 파괴되면서 묻혀 있던 유물이 드러나 알려졌습니다. 여러 차례 발굴하여 40개 이상의 집터와 여러 시설들을 발굴하였습니다. 집터는 바닥을 네모꼴이나 둥근형으로 팠으며, 크기는 길이 5~6m, 깊이 70~100cm 정도입니다. 집터 가운데에는 돌로 두른 화덕 자리가 있으며, 입구는 주로 남쪽을 향합니다. 신석기 시대의 대표적인 토기인 빗살무늬 토기가 많이 출토되었으며, 그물추, 갈판, 석촉, 불에 탄 도토리 등이 발견된 우리나라 신석기 시대 문화를 알려주는 중요한 마을 유적입니다.

서울 암사동 유적지 모습

▣ 함께 보면 좋은 영상

암사동 유적(4분 41초)

신석기 문화의 상징, 빗살무늬 토기

▣ 타임머신을 타고 역사여행을 떠나볼까요? 저기 강가에 여러 채의 움집들이 있네요. 돌을 갈고 있는 사람, 물고기를 잡는 사람, 음식을 만드는 사람들도 보여요. 질문에 답해볼까요? □칸은 <보기>를 보고 채워봅시다.

<보기>
빗살무늬, 식량, 저장, 사람, 물, 불

안녕하세요. 여기에 모여서 살고 있나요?

네. □과 □□이 풍부해서 강 근처에 집을 짓고 살고 있어요.

지금은 무엇을 하고 있나요?

흙으로 그릇 모양을 만들어 불에 굽고 있어요.
이렇게 토기를 만들면 음식을 □□하거나 □로 조리할 수 있어요.

바닥을 뾰족하게 만들었네요. 이유가 무엇인가요?

(　　　　　　　　　　　　　　　　　　　　)

자세히 보니
(　　　　　　　　　　) 무늬들이 보이네요.
특히 빗 모양 무늬가 눈에 띄니, 이름은
□□□□ 토기가 어울리네요.

수천 년을 한반도에 머문

4. 고인돌

강화 부근리 고인돌(높이 2.6m, 너비 5.5m, 청동기 시대)

고인돌은 선사 시대 돌무덤의 일종으로 청동기 시대의 유적입니다. 일반적으로 받침돌 위에 덮개돌을 올려놓은 형태로 지배계급의 무덤으로 알려져 있습니다.

전 세계적으로 아시아와 유럽, 아프리카에 6만여 기의 고인돌이 분포하고 있으며 그중 우리나라에 3만여 기가 있습니다. 특히 고창, 화순, 강화 지역에 많은 고인돌이 집중되어 있습니다. 한 지역에 수백 기 이상의 고인돌이 다양한 형태로 모여 있는 것은 세계적으로 드문 현상입니다. 이에 그 가치를 인정받아 이 지역의 고인돌은 유네스코 세계유산으로 지정되었습니다.

또한 고인돌의 주변과 땅속의 석실에서 발견된 석기, 토기, 청동기 등의 유물들은 당시의 사회상과 문화를 이해하는 데 중요한 자료가 되고 있습니다.

고인돌이 만들어지는 과정

고인돌을 만들기 위해서는 10t에서 200t에 이르는 거대한 돌을 채석하고, 자르고, 나르는 등 수많은 사람들의 노동력이 필요했을 것입니다. 이를 통해 청동기 시대에 이러한 노동력을 일으킬 만한 권력을 가진 계급이 있었을 것으로 추측할 수 있습니다.

① 땅에 구덩이를 판다.

② 구덩이 위에 받침돌을 세워 넣는다.

③ 주위에 흙을 쌓아 언덕을 만든다.

④ 통나무를 나열하여 무거운 물체가 굴러갈 수 있도록 길을 만든다.

⑤ 덮개돌을 묶어서 통나무 위로 굴려 올린다.

⑥ 흙을 없애고 완성한다.

고인돌의 다양한 형태

강화 부근리 점골 고인돌

고창 죽림리 고인돌군

강화 부근리 고인돌군

<탁자식 고인돌>

받침돌 사이의 지상에 무덤방을 만들고 양 옆에서 납작한 돌판으로 막은 형태

<바둑판식 고인돌>

지하에 무덤방을 만들고 받침돌 네 개를 세운 후 덮개돌로 덮은 형태

<개석식 고인돌>

지하에 무덤방을 만들고 받침돌 없이 바로 덮개돌을 덮은 형태
→ 도굴이 어려워 부장품이 발견되는 경우가 많음.

 → 무덤방이나 석실

수업? 재미 up! 흥미 up!

핵심 쏙쏙

▣ 고인돌은 어떤 쓰임새를 가지고 있었나요?

▷ 지배계급의 무덤으로 쓰였습니다.

▣ 고인돌이 지배계급의 무덤이라는 것을 알 수 있는 단서는 무엇인가요?

▷ 무덤에서 당시에 귀했던 청동검이나 청동거울이 나왔습니다.

▷ 크기가 크고, 무거운 돌을 나르는 일에는 수많은 노동력이 필요했을 것입니다.

▣ 고인돌의 형태에는 어떤 것들이 있나요?

▷ 탁자식, 바둑판식, 개석식 등이 있습니다.

▣ 고인돌 아래에서 석기, 토기, 청동기 등의 부장품들이 나왔습니다. 이를 통해 추측할 수 있는 청동기의 생활상을 이야기해 봅시다.

▷ 농사를 지을 때 쓴 석기가 나온 것으로 보아 농사를 지었던 것을 알 수 있습니다.

▷ 토기에는 음식을 저장했던 것으로 예상할 수 있습니다.

▷ 청동검이나 청동거울로 보아 청동기는 무기나 장신구로 사용된 것을 알 수 있습니다.

흥미 솔솔

▣ **커다란 바위를 쪼개는 방법**

고인돌에는 커다란 바위를 쪼개어 만든 커다란 돌덩이가 사용되었습니다. 중장비가 없던 그 옛날, 사람들은 어떻게 바위를 쪼갤 수 있었을까요?

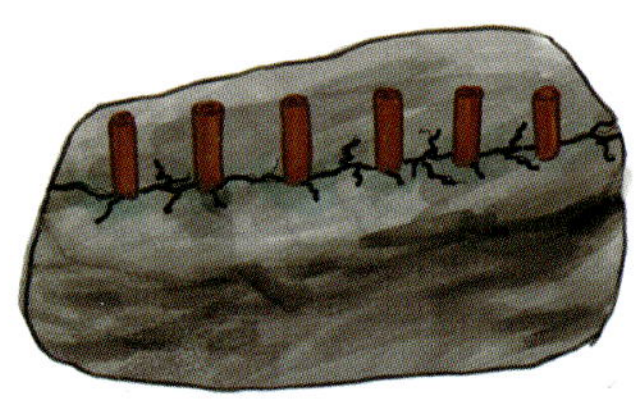

① 홈파기: 바위 위에 돌을 두드려 여러 개의 홈을 판다.

② 쐐기 박기: 나무쐐기를 파여진 홈에 박는다.

③ 물 붓기: 나무쐐기 위에 물을 뿌리면 나무가 물을 흡수한다.

④ 나무가 팽창하며 바위가 쪼개진다.

▣ **함께 보면 좋은 영상**

100톤이 넘는 고인돌 위의 덮개돌은 어떻게 옮겼을까(2분 49초)

수천년을 한반도에 머문, 고인돌

▣ 물음에 답하세요.

1. 청동기 시대의 유물인 고인돌의 용도는 무엇입니까?

(   )

2. 그림을 보고 고인돌이 만들어지는 과정의 순서대로 번호를 쓰시오.

(   )   (   )   (   )   (   )   (   )

3. 오른쪽 그림과 같은 고인돌의 형태를 무엇이라고 합니까?

□□□ 고인돌

4. 고인돌 미로를 탈출해 봅시다.

바위에 새긴 그림

5. 울주 대곡리 반구대 암각화

울주 대곡리 반구대 암각화(세로 4.5m, 가로 8m)

1971년 12월, 울산광역시 울주군 대곡리 반구천에 있는 절벽에서 벽화가 발견되었습니다. '암각화'는 바위 위에 새긴 그림이라는 뜻으로 이 그림은 바위를 뾰족한 것으로 쪼아내고, 긁고, 부분적으로 떼어내고, 갈아내는 등의 방법으로 그려졌습니다. 이 암각화는 신석기에서 청동기 시대까지 오랜 시간 동안 만들어졌을 것으로 보입니다.

암각화에는 육지와 바다에서 사는 동물, 그리고 사람들의 모습 등 약 300여 점의 그림이 그려져 있습니다. 특히 다양한 종류의 고래와 배를 타고 고래를 사냥하는 사람들의 모습이 생동감 있게 묘사되어 있습니다.

반구대 암각화는 당시 사람들의 생활과 풍습을 엿볼 수 있는 세계적인 유산으로 인정받고 있습니다.

반구대 암각화 들여다보기

반구대 암각화는 어떻게 오랜 시간 동안 보존되었을까요? 반구대 바위 상단에는 '지붕돌'이라 불리는 지붕처럼 튀어나온 바위가 있어 비와 눈을 막아주었습니다. 또한 암각화가 북향으로 놓여 있어 햇빛에 의한 온도 변화가 적었던 점도 암석의 풍화를 늦추는 데 도움이 되었습니다.

한때 고래잡이로 유명했던 이 지역의 특성 때문에 암각화에는 고래와 관련된 그림이 많습니다. 53점의 고래 그림에서는 범고래, 향유고래, 혹등고래 등의 표면적인 특징을 표현했으며 공중으로 물을 뿜는 모습, 새끼를 업고 다니는 모습, 해초에서 놀기를 좋아하는 모습 등 고래의 습성도 나타내었습니다. 고래 옆에 새겨진 작살과 여러 사람들이 타고 있는 배를 그려서 고래 사냥을 했던 사람들의 생활 모습을 생생하게 표현하였습니다.

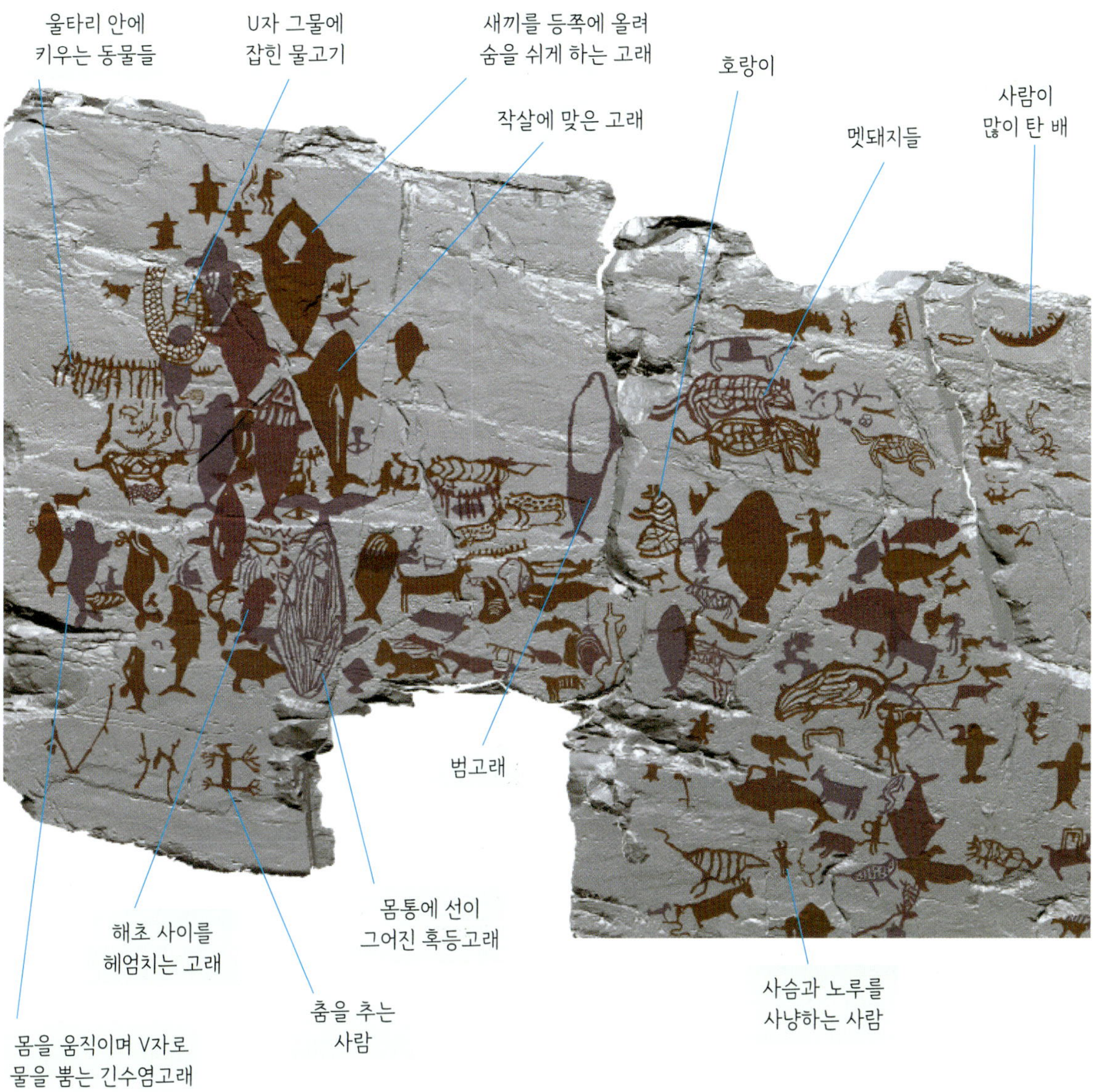

울주 대곡리 반구대 암각화 복원도(국립문화재연구소)

수업? 재미 up! 흥미 up!

핵심 쏙쏙

▣ 반구대 암각화에서 볼 수 있는 동물에는 어떤 것들이 있나요?

▷ 고래, 호랑이, 멧돼지, 사슴, 표범 등이 있습니다.

▣ 반구대 암각화에서는 다양한 고래의 모습을 볼 수 있습니다. 어떤 모습을 볼 수 있나요?

▷ 새끼를 등에 올리고 다니는 모습, 해초 사이에서 놀고 있는 모습, V자로 물을 뿜고 있는 모습 등을 볼 수 있습니다.

▣ 반구대 암각화에서 볼 수 있는 사람들은 무엇을 하고 있나요?

▷ 고래를 잡기 위해 배를 타고 있거나 육지 동물을 사냥하고 있습니다.

▷ 춤을 추는 듯한 사람도 있습니다.

▣ 반구대 암각화가 잘 보존될 수 있었던 까닭은 무엇일까요?

▷ 암각화 위의 지붕돌 덕에 눈, 비로부터 보호를 받았습니다.

▷ 북향으로 놓여있어 온도의 변화가 적었습니다.

흥미 솔솔

▣ 반구대 암각화가 사라지고 있어요.

반구대 암각화는 1970년에 발견되기 전, 이미 이 지역에 완공되어 있던 댐으로 인해 비가 많이 내리는 계절에는 물에 잠겨 있었습니다. 현재는 수위를 관리하여 1년에 30일 정도만 잠기지만, 그럼에도 불구하고 시간이 지나면서 그림의 윤곽이 점차 옅어지고 있습니다.

울주 대곡리 반구대 암각화 전경

▣ 함께 보면 좋은 영상

반구대 암각화, 어떻게 생겼게요!(10분 14초)

선사 시대의 타임캡슐, 반구대 암각화(3분 50초)

바위에 새긴 그림, 반구대 암각화

1. 선사 시대 사람들의 삶의 모습과 반구대 암각화에서 발견한 그림과 관련 있는 것을 이어 봅시다.

① 바다 위로 올라와 물을 뿜는 고래를 보았다. •	• ㉠	
② 새끼를 등에 올린 고래가 바다를 헤엄쳤다. •	• ㉡	
③ 산에서 호랑이를 발견했다. •	• ㉢	
④ 그물을 놓아 물고기를 잡았다. •	• ㉣	
⑤ 작살로 고래를 잡았다. •	• ㉤	
⑥ 멧돼지 무리를 사냥했다. •	• ㉥	

2. 오늘날의 생활 모습이나 주위에 살고 있는 동식물들의 특징을 기록하기 위한 벽화를 그려봅시다.

농사가 잘되기를 기원하다
6. 농경문 청동기

농경문 청동기(청동, 길이 13.5cm, 청동기 시대)

농경문 청동기는 농사하는 모습이 새겨진 청동기 시대의 유물입니다. 한 면에는 밭을 가는 모습과 항아리에 무언가를 담는 모습이 그려져 있고 다른 면에는 나뭇가지에 앉은 새의 모습이 그려져 있습니다. 윗부분에는 조금씩 닳아 있는 네모난 구멍 6개가 있습니다. 역사학자들은 이 구멍에 끈을 매달아 사용했을 것으로 추측합니다. 하늘에 제사를 지내는 지배자의 옷 등에 매달아 사용했을 가능성이 높습니다. 그림의 내용으로 보아, 농경문 청동기는 풍년을 기원하며 제사를 지낼 때 사용된 의식용 도구였을 것으로 추측됩니다.

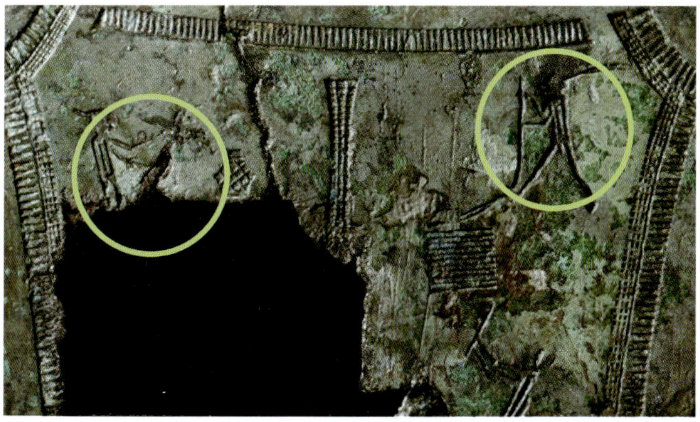

사람들은 무엇을 하고 있나요?

밭을 갈고 있습니다.
농기구로 보이는 물건을 들고 있습니다.
항아리에 무엇을 담고 있습니다.

어떤 것이 보이나요?

나뭇가지가 2갈래로 갈라져 있어요.
새 2마리가 나뭇가지에 앉아 있어요.

청동기 시대의 농경 모습

농경문 청동기에는 농사와 관련된 사실적인 그림이 새겨져 있습니다. 한 면에는 사람 3명의 모습이 있습니다. 머리에 긴 깃털을 꽂은 사람이 밭을 갈고 있고 그 아래 사람은 괭이처럼 보이는 물건을 들고 있습니다. 왼쪽에는 항아리에 무언가를 담고 있는 사람이 있습니다. 즉 밭을 가꾸고 곡물을 수확하는 과정입니다. 그래서 이 유물의 이름이 농경문 청동기입니다.

다른 쪽 면에는 나뭇가지에 앉은 새 2마리가 있습니다. 새는 예로부터 풍요를 가져오며 하늘의 신과 땅을 연결해 주는 존재로 여겨졌습니다. 농경문 청동기는 그림을 통해 당시 사람들의 생활 모습을 추측할 수 있게 해주는 귀중한 유물입니다. 사라진 아랫부분에는 어떤 그림이 있었을까요?

지배자만이 사용할 수 있었던 귀한 청동기

청동은 구리와 주석을 섞어 만든 것입니다. 청동은 '푸른색 구리'라는 뜻인데, 갓 만든 청동기는 광택이 나며 반짝거립니다. 청동기는 매우 귀했기 때문에 지배자만 사용할 수 있었습니다. 반짝이는 청동기를 사용하는 지배자의 모습은 사람들에게 신비롭게 보였을 것입니다.

수업? 재미 up! 흥미 up!

핵심 쏙쏙

▣ 농경문 청동기는 어떻게 사용되던 유물일까요?

▷ 풍년을 기원하는 등 농사와 관련된 제사를 지낼 때 사용했던 의식용 도구입니다.

▣ 농경문 청동기에는 왜 6개의 구멍이 있을까요?

▷ 하늘에 제사를 지낼 때 구멍에 끈을 달아 지배자의 옷이나 몸에 걸었기 때문입니다.

▣ 농경문 청동기는 어떤 재료로 만들었을까요?

▷ 구리와 주석을 섞어 만든 청동으로 만들었습니다.

▣ 농경문 청동기의 그림에는 어떤 장면이 표현되어 있나요?

▷ 머리에 깃털을 꽂은 사람이 밭을 갈고 있습니다. 괭이와 비슷한 도구를 든 사람이 있습니다. 항아리에 뭔가를 담고 있는 사람이 있습니다.

▷ 한 면에는 밭을 가꾸어 수확하는 모습이, 다른 면에는 나뭇가지와 새의 모습이 있습니다.

흥미 솔솔

▣ **함께 보면 좋은 유물**

다양한 유물을 통해 청동기 시대에 한반도에서 농사를 지었음을 알 수 있습니다.

민무늬 토기 항아리
(흙, 높이 20cm, 청동기 시대)

반달돌칼
(돌, 길이 12.9cm, 청동기 시대)

▣ **함께 보면 좋은 영상**

벌거벗은 제사장(농경문 청동기), 국가유산채널(2분 55초)

농사가 잘되기를 기원하다, 농경문 청동기

1. 농경문 청동기에 대한 알맞은 설명을 <보기>의 낱말을 활용하여 완성해 봅시다.

<보기>

수확, 제사, 풍요, 청동

① 　　　은/는 구리와 주석을 섞어 만든 금속입니다. 아주 귀한 것으로 주로 지배자가 사용했습니다.

② 한 면에는 밭을 갈고, 항아리에 무엇을 담는 모습 등 농사를 지어 　　　하기까지의 모습이 그려져 있습니다.

③ 윗부분에는 6개의 구멍이 있습니다. 하늘에 　　　을/를 지낼 때 지배자의 옷이나 몸에 걸었을 것으로 추측됩니다.

④ 다른 면에는 새 2마리가 그려져 있습니다. 예로부터 사람들은 새가 　　　을/를 가져온다고 믿었습니다.

2. 농경문 청동기를 자세히 관찰하고, 물음에 답해봅시다.

① 무엇이 보이나요?

② 사라진 부분에는 어떤 그림이 있었을까요? 상상하여 글이나 그림으로 표현해 보세요.

한반도의 독자적 청동기

7. 동검

요령식 동검(동합금, 길이 33.4cm,
너비 6.6cm, 청동기 시대)

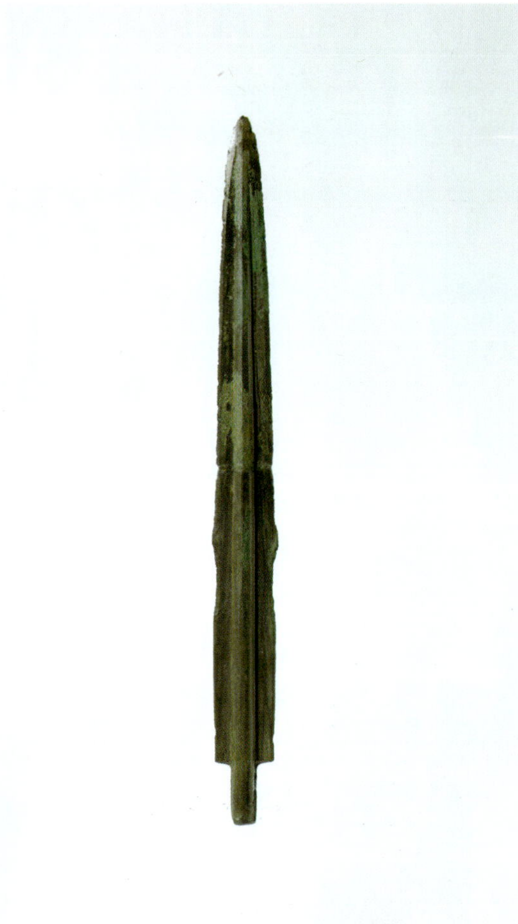

한국식 동검(동합금, 길이 31.5cm,
너비 3.6cm, 초기 철기 시대)

우리나라의 청동기 문화는 기원전 5세기~기원전 4세기경을 전후로, '요령식 동검'이 만들어진 시기와 '한국식 동검'이 만들어진 시기로 나눌 수 있습니다.

동검은 주로 청동기 시대의 무덤에서 잔무늬거울, 청동방울 등과 함께 출토됩니다. 제작이 매우 어려운 물건이었기 때문에 권력을 가진 지배계급이 사용했을 것으로 추정됩니다. 그래서 동검은 적을 물리치는 무기일 뿐만 아니라 정치적인 권위를 상징하기도 했습니다.

한반도 전역에서 발견되는 동검은 검의 몸 부분만 남아 있어 자루 부분은 나무로 만들었을 것으로 보입니다. 한국식 동검은 요령식 동검에서 발전했으면서도 우리나라만의 독자적인 청동기 문화권을 형성했음을 보여줍니다.

요령식 동검과 한국식 동검

요령식 동검(동합금, 길이 34.8cm,
너비 7.4cm, 청동기 시대)

요령식 동검은 중국 요령 지방에서 많이 출토되어 '요령식 동검'이라 부릅니다. 우리나라에서는 북부지역에서 주로 출토됩니다. 아랫부분이 둥글고 넓은 형태를 가지고 있는데 이 모습이 중국 악기 비파를 닮아서 '비파형 동검'이라고도 부릅니다.

한국식 동검은 한반도 특유의 청동기 문화가 형성된 시기를 대표하는 유물입니다. 이전의 요령식 동검에 비해 날이 좁고 직선 형태를 띠고 있어 '세형 동검'이라고도 합니다. 칼날이 전체적으로 길고 가늘며, 양쪽에 날이 선 형태를 가지고 있습니다. 이전보다 더 가벼워지고 날렵해진 모습은 청동을 다루는 기술의 발전을 보여줍니다. 이 형태의 동검은 주로 한반도에서 출토되어 한국식 동검이라 불립니다.

한국식 동검(동합금,
길이 32.2cm, 초기 철기 시대)

비파(나무, 길이 54cm,
너비 22.5cm, 중국)

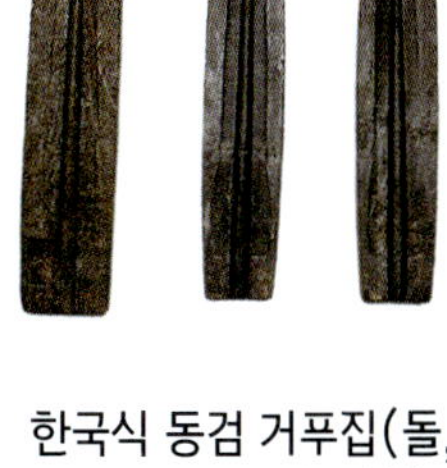

한국식 동검 거푸집(돌,
길이 22~27.8cm, 초기 철기 시대)

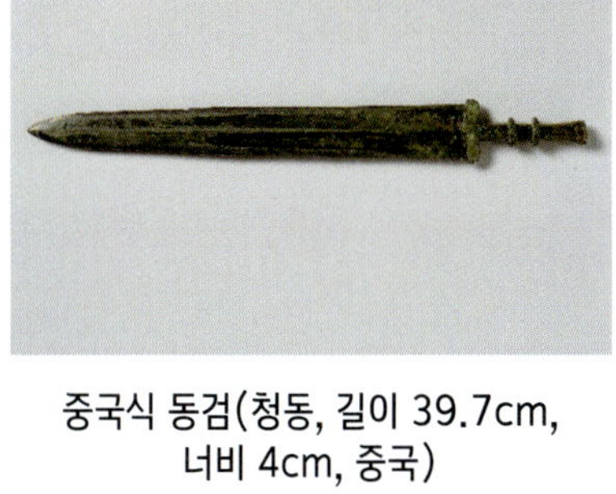

중국식 동검(청동, 길이 39.7cm,
너비 4cm, 중국)

수업? 재미 up! 흥미 up!

핵심 쏙쏙

▣ 한반도에서 발견되는 청동검에는 어떤 것이 있나요?

▷ 요령식 동검과 한국식 동검이 있습니다.

▣ 요령식 동검을 비파형 동검이라고 부르는 이유는 무엇인가요?

▷ 검의 아랫부분이 넓적하고 둥근 형태인데 이것이 비파라는 악기와 모양이 비슷해서 그렇게 불리게 되었습니다.

▣ 한국식 동검은 주로 어디에서 발견되나요?

▷ 주로 한반도에서만 발견되어 독자적인 청동기 문화를 가지고 있었음을 알 수 있습니다.

▣ 한국식 동검이 세형 동검이라고도 불렸던 까닭은 무엇인가요?

▷ 가늘고 기다란 검의 모양 때문입니다.

▣ 청동검은 어떤 사람이 사용했을까요?

▷ 청동기는 귀했기 때문에 권력이 있는 지배계층이 사용했을 것입니다.

흥미 솔솔

▣ 요령식 동검과 한국식 동검이 출토된 지역이 지니는 의미

요령식 동검이 출토된 지역은 고조선의 세력 범위와 비슷합니다. 그래서 청동기를 기반으로 북방까지 뻗어 있던 고조선의 크기를 짐작하게 합니다.

한국식 동검과 그것을 만든 거푸집은 거의 한반도에서만 발견됩니다. 이는 우리 조상들이 한반도에서 독자적인 청동기 문화를 이루었음을 보여줍니다.

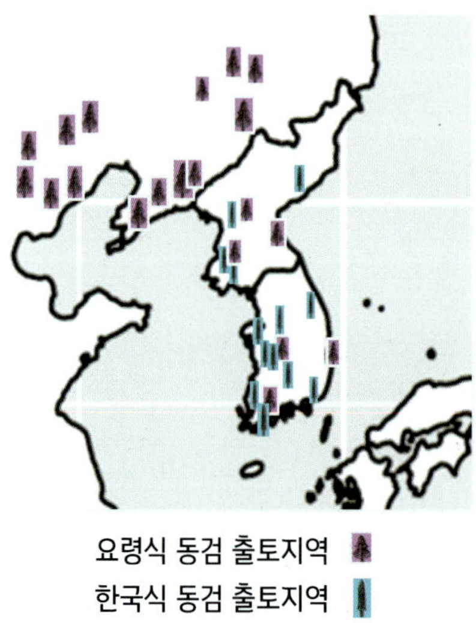

한반도의 독자적 청동기, 동검

1. 한반도에서 발견되는 동검을 떠올리며 <보기>를 보고 빈칸을 채워봅시다.

<보기>
비파형, 한국식, 거푸집, 지배층

① 청동검은 권력을 가진 ______ 이 사용했다.	② 요령식 동검은 악기를 닮은 모양 때문에 ______ 동검이라고도 불린다.
③ 한반도의 독자적인 청동기 문화를 보여주는 동검은 ______ 동검이다.	④ 청동검은 구리와 주석을 녹인 것을 ______ 에 넣어 만들었다.

2. 요령식 동검과 한국식 동검을 비교하는 표를 완성해 봅시다.

요령식 동검			한국식 동검		
	또 다른 이름		또 다른 이름		
	모양	아래쪽이 둥글고 넓은 형태	모양		
	발견되는 지역	한반도와 요령 지방	발견되는 지역		
	역사적 의의	고조선의 세력 범위를 나타냄.	역사적 의의		

태양빛을 비추는 청동

8. 잔무늬거울

잔무늬거울(청동, 지름 21.2cm, 초기 철기 시대)

청동거울은 구리와 주석을 섞어 만든 거울이며 청동기 시대부터 초기 철기 시대를 거쳐 한국 청동기 문화를 상징하는 유물입니다. 한반도와 중국, 일본에서 흔히 나타나며 주로 청동검, 청동방울과 함께 발견됩니다.

그중 잔무늬거울은 정문경이라고도 하며 초기 철기 시대 주술의식에 사용하였습니다. 앞면은 햇빛을 비추는 매끄러운 반사면으로 되어 있고, 뒷면에는 다양한 무늬가 새겨져 있습니다. 예전에는 '다뉴세문경'이라고 하였는데, '다뉴'는 끈으로 묶을 수 있는 여러 개의 고리, '세문'은 선이 가는 잔무늬를 뜻합니다.

세 개의 동심원과 규칙적으로 나타나는 기하학 무늬가 눈에 띄며, 주석의 함량이 높아 거울 앞면의 반사도가 뛰어났을 것입니다. 거울에 새겨진 화려하고 섬세한 무늬는 그 당시의 뛰어난 세공기술을 보여줍니다. 이 정문경은 현재까지 발견된 잔무늬거울 중 가장 크고, 정교한 문양을 지닌 이 시기 대표 유물입니다.

청동거울은 누가, 어떻게 사용하였을까요?

청동거울은 청동방울과 함께 지배자의 상징입니다. 거울의 쓰임새는 두 가지입니다. 첫 번째는 모습을 비추어 보는 것이고, 두 번째는 빛을 반사하는 것입니다. 우리나라 청동기 시대 거울은 빛을 반사하기 위해 사용했습니다.

청동기 시기 사람들은 곡식이 풍요롭게 자라기 위해서는 태양이 중요하다는 것을 알았기 때문에 태양을 숭배했습니다. 지배자는 하늘에 제사를 지내는 도구로써 청동방울과 함께 가슴에 태양처럼 빛을 비추는 청동거울을 달았을 것이라고 추정하고 있습니다. 청동거울이 발견된 유적지에서 청동방울과 청동검이 함께 발견되기도 하였습니다. 또한 국립중앙박물관에서 현미경으로 관찰한 결과, 두 고리에서 끈을 매달아 사용한 흔적이 발견되었습니다.

청동거울과 방울을 착용한 지배자 모습을 상상한 그림

화순 대곡리 청동기 일괄

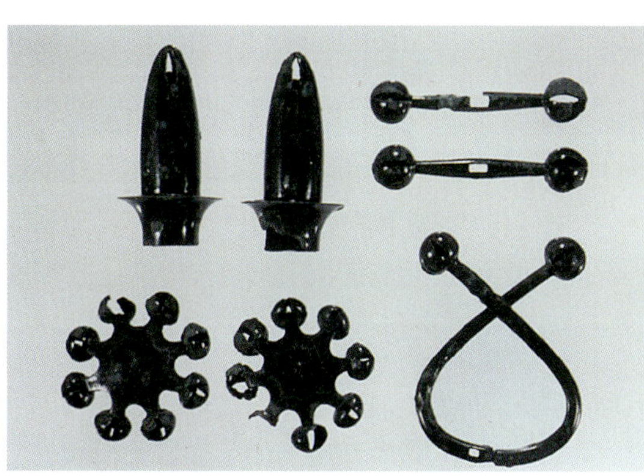

정문경과 함께 묻혀 있었을 것이라고 추정하는 전 논산 청동방울 일괄

수업? 재미 up! 흥미 up!

핵심 쏙쏙

▣ 이 청동거울의 이름은 무엇일까요?

▷ 잔무늬거울 또는 정문경입니다.

▣ 이 청동거울은 누가, 어떻게 사용했을까요?

▷ 지배자가 하늘에 제사를 지낼 때 청동방울, 청동검과 함께 사용했습니다.

▷ 태양처럼 빛을 비추기 위해 사용했습니다.

▣ 거울 앞면의 반사도가 뛰어난 이유는 무엇일까요?

▷ 구리와 주석을 섞어 거울을 만들 때 주석의 함량이 높았기 때문입니다.

▣ 이 청동거울의 무늬를 관찰해 봅시다.

▷ 크게 세 개의 동심원으로 되어 있습니다. 바깥원에는 작은 동심원들이 짝을 지어 있습니다.

▷ 아주 가는 선들이 새겨져 있는데, 이 선들이 모여 여러 개의 삼각형 모양을 만듭니다.

흥미 솔솔

▣ **잔무늬거울(정문경) 무늬의 비밀**

잔무늬거울(정문경)은 1만 3천여 개의 선들이 0.3mm의 간격으로 새겨져 있고, 구리와 주석이 사용된 양이 거울을 만드는 황금비율과 일치한다고 합니다. 오늘날 전문가들이 여러 방법을 사용해 이 거울을 제작하는 데 성공했지만 원본의 정교함은 완벽하게 재현하지 못한다고 하니 그 당시의 청동기 기술이 얼마나 뛰어났는지를 알 수 있습니다.

잔무늬거울 무늬를 확대한 모습

▣ **함께 보면 좋은 영상**

청동거울의 비밀(5분 55초)

태양빛을 비추는 청동, 잔무늬거울

1. 잔무늬거울을 살펴보면 청동기 시대에 살았던 사람들의 생각을 알 수 있습니다. <보기>를 보고 빈칸을 채워봅시다.

<보기>
잔무늬, 청동방울, 빛, 삼각무늬

① 이 시기 청동거울은 주로 청동검,
　　　　과 함께
발견되었습니다.

② 청동기 시대 제사장들은 하늘에
제사를 지낼 때 　　을 비추기 위해
청동거울을 사용했습니다.

③ 청동거울은 세 개의 동심원으로
되어 있다.
바깥원에는 작은 동심원들이 있고,
가는 선들이 모여 　　　　를 만듭니다.

④ 뒷면에 다양한 무늬가 있는 이 청동거울은
가는 무늬가 새겨져 있다는 뜻으로
　　　　거울이라고 합니다.

2. 하늘에 제사를 지내는 지배자의 모습을 완성해 봅시다. 왼쪽 유물 사진을 참고하여 오른쪽 그림에 그려 넣고 색칠하여 봅시다.

청동방울

청동거울

청동검

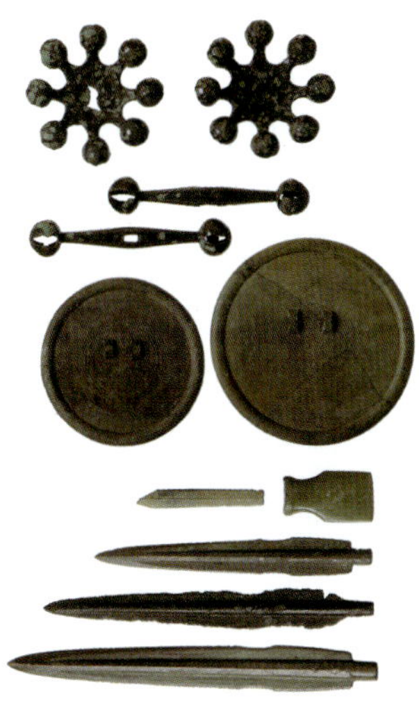

가야 철기의 정수

9. 판갑옷

판갑옷과 투구(철, 갑옷-높이 40.6cm, 너비 49.6cm, 투구-높이 14.8cm, 길이 25.7cm, 어깨가리개-높이 13.5cm, 길이 25.6cm, 가야 시대)

고령 지산동 고분군 32호 무덤에서 출토된 갑옷과 투구는 가야에 수준 높은 철기 문화가 있었음을 보여주는 대표적인 유물입니다. 이 갑옷과 투구는 긴 철판을 이어 붙여 만든 판갑옷으로, 가야의 뛰어난 철기 제작 기술을 엿볼 수 있습니다.

가야는 철의 생산량이 풍부한 낙동강 하류 지역을 중심으로 성장했습니다. 그래서 철을 다루는 기술이 뛰어나 좋은 품질의 철기 제품을 만들어냈습니다. 가야에서 제작된 철기 제품은 다른 지역과의 교류에서 중요한 교역 물품이 되거나 화폐로 사용되기도 했습니다.

가야는 철기 생산을 바탕으로 성장했지만 이러한 지리적 장점과 연맹 국가로서의 특성으로 인해 전쟁을 많이 치른 나라였습니다. 철제로 만든 갑옷은 매우 단단하여 적의 공격으로부터 몸을 보호하는 데 큰 도움이 되었을 것입니다.

판갑옷의 형태

투구

판갑옷과 투구
(왼쪽에서 본 모습)

철로 갑옷을 만들기 위해서는 뛰어난 기술이 필요했습니다. 갑옷이 몸통의 여러 굴곡에 맞아야 움직이기 편하고 공격을 효과적으로 막을 수 있기 때문에 몸에 잘 맞는 유연한 형태로 만들어야 했습니다. 또한 갑옷은 단단하지만 입고 벗을 수도 있어야 했습니다.

그래서 갑옷을 큰 철판 한 장으로 만들 수는 없었습니다. 가야에서 만들어졌던 판갑옷은 큰 철판 20~30장을 연결하여 만든 형태로 앞 몸통의 일부분만 분리하여 입고 벗을 수 있었습니다. 이러한 갑옷은 가야에서 발견되는 독특한 형태입니다.

투구는 위에서 보면 복숭아 씨앗 모양을 닮았으며, 어깨를 가리는 가리개도 둥근 형태를 지니고 있습니다.

오른쪽 옆구리

판갑옷의 여러 부분에서 철판의 겹친 부분을 못으로 박아 이어 붙인 흔적을 찾을 수 있어요.

왼쪽 옆구리

수업? 재미 up! 흥미 up!

핵심 쏙쏙

▣ 가야에서 철기로 만든 것들이 많이 생산될 수 있었던 까닭은 무엇입니까?

▷ 가야가 자리 잡은 땅은 철의 생산량이 많았고 그 품질도 좋았습니다.

▷ 철을 다루는 기술이 늘어 다양한 형태의 생산품을 만들 수 있었습니다.

▣ 철로 만든 판갑옷의 장점은 무엇이었을까요?

▷ 단단하여 적의 공격을 막아주었습니다.

▷ 여러 조각으로 이루어져 몸의 굴곡에 맞고 입고 벗을 수도 있었습니다.

▣ 판갑옷의 단점은 무엇이라고 생각합니까?

▷ 철의 무게가 상당했을 것 같습니다.

▷ 철판으로 만들어졌기 때문에 움직이기 불편했을 것 같습니다.

▷ 입고 벗기가 쉽지 않았을 것 같습니다.

▣ 가야에서 철로 만든 갑옷이 필요했을 정도로 전쟁이 많았던 이유는 무엇이었을까요?

▷ 좋은 철 생산지로서 다른 나라의 침입을 많이 받았을 것입니다.

흥미 솔솔

▣ 질 좋은 철기 제품을 만들었던 가야

가야는 철로 다양한 생산품을 만들었는데 그 기술력이 뛰어났습니다. 큰 칼, 화살촉과 같은 무기뿐만 아니라 망치나 낫과 같은 농기구를 만들어 생산력을 높였습니다.

철의 사용량이 늘어난 5세기 이후에는 말 투구, 말 갑옷과 더불어 말을 장식하는 허리띠 고리, 띠 드리개도 유행하였습니다.

수준 높은 가야의 철기 문화는 다른 삼국과 구별되는 독자적인 문화를 이루었고 일본에도 전해졌습니다.

말모양 허리띠 고리
(철, 길이 6.4cm,
너비 7.9cm, 가야 시대)

말 띠 드리개
(철, 길이 17.2cm,
너비 7.6cm,
가야 시대)

고리자루 큰 칼
(철, 길이 89.7cm,
너비 4cm,
가야 시대)

가야 철기의 정수, 판갑옷

1. 가야의 무사가 되어 인터뷰해 봅시다. 문장의 뒷부분을 이어서 써 봅시다.

안녕하세요? 가야의 무사님, 반갑습니다. 인터뷰에 응해 주셔서 감사합니다. 먼저 가야에 대해 소개해 주시겠어요?

안녕하십니까. 우리 가야는 낙동강 하류에 위치하고 있는 연맹국가입니다.

지금 입고 계신 갑옷이 참 멋집니다. 이 갑옷은 무엇으로 만들어졌나요?

이 갑옷은

철은 단단해서 구부러지지 않는데 어떻게 몸에 맞게 갑옷을 입을 수 있나요?

옷처럼 입을 수 있게 하기 위해

가야에서 이렇게 튼튼한 철로 만든 갑옷을 만들 수 있었던 까닭은 무엇인가요?

우리 가야는 갑옷을 만들기 위한 조건이 잘 갖추어져 있습니다. 그것은

판갑옷을 입고 전투에 임할 때 불편한 점은 없으신가요?

사실 조금 불편한 것도 사실입니다. 왜냐하면

인터뷰에 응해 주셔서 감사합니다.

고구려 무덤 속 벽화

10. 무용도와 수렵도

무용총 무용도(벽화, 고구려 시대)

무용총은 무용하는 사람들의 모습을 표현한 무용도가 그려진 무덤입니다. 무덤의 주인을 정확히 알 수 없을 때, '총'이라는 이름을 붙입니다. 고구려인들은 무덤 안에 돌로 방을 만들고 벽에 그림을 그렸습니다. 이러한 무덤은 권력을 가진 사람의 무덤으로 추측할 수 있습니다. 무덤 속 벽화를 보면 고구려인의 생활 모습과 생각을 알 수 있습니다.

무용총은 고구려의 두 번째 수도 국내성이 있던 곳인 중국 길림성 집안시에 있는데 여기에는 수많은 고구려 무덤과 벽화가 남아있습니다. 무용총은 크기가 크고 무덤 안에는 2개의 방이 있는데, 무용도는 더 안쪽에 위치한 방에 그려져 있습니다. 무용총의 벽과 천장에는 수렵도와 접객도,* 그 밖에도 많은 그림이 있습니다.

그림 속 모습을 통해 고구려인들의 의복문화를 추측할 수 있습니다. 사람들은 기다란 소매를 펄럭이며 우아하게 춤을 추고 있습니다. 한복 저고리와 비슷한 형태의 윗옷과 바지, 화려한 색깔과 점 무늬 장식이 있는 옷을 입고 있습니다. 맨 앞 사람은 깃털로 장식한 모자를 썼습니다.

*접객도: 손님을 맞이하는 모습을 그린 그림

무용총 수렵도(벽화, 고구려 시대)

그림 속 말 탄 사람이 산보다 크게 그려진 까닭은 무엇일까요?

고구려 사람들은 왜 무덤 속에 그림을 그렸을까요?

수렵도는 사냥하는 모습을 그린 그림입니다. 그림 속 고구려인들은 말을 타고 사슴과 호랑이를 사냥하고 있습니다. 사슴을 향해 활을 쏘는 고구려인의 모습을 봅시다. 말을 탄 채, 몸을 뒤로 돌려 활 시위를 당기고 있습니다. 몸을 휙 돌려 활을 겨누는 것은 어려운 기술입니다. 게다가 벽화 속 사람은 구불구불한 산보다도 큰 크기로 그려져 있습니다.

고구려는 산이 험하고 평야가 적은 한반도 북쪽 땅에 위치하며, 힘이 센 다른 나라들과 싸워 이겨 영토를 크게 넓힌 나라입니다. 험악한 산을 넘나들며 높은 수준의 활쏘기를 해내는 그림 속 모습에서 고구려 사람들의 강인하고 씩씩한 기운이 느껴집니다. 옛날에는 군사 훈련을 위해 사냥을 하기도 했습니다. 고구려의 다른 무덤 벽화에도 사냥하는 장면이 많이 그려져 있습니다. 고구려인들은 강한 군대를 기르기 위해 큰 사냥을 자주 했을 것으로 추측할 수 있습니다.

고구려 사람들은 왜 무덤을 크게 만들고 그 속에 정성스러운 그림을 많이 그렸을까요? 예로부터 사람들은 죽은 뒤의 세계가 있다고 믿고, 그 세계에서도 잘 살기를 소망했습니다. 그런 소망을 담아 무덤의 주인이 살아 생활하던 모습이나 염원하는 것을 무덤의 벽에 그대로 그렸다는 설이 있습니다.

수업? 재미 up! 흥미 up!

핵심 쏙쏙

▣ 무용도를 보고 알 수 있는 고구려 사람들의 생활 모습은 무엇인가요?

▷ 점 무늬 장식의 옷, 화려한 색깔의 옷을 입었을 것 같습니다.

▷ 고구려 사람들도 춤을 즐겨 췄을 것 같습니다.

▣ 수렵도를 보고 알 수 있는 고구려 사람들의 생활 모습은 무엇인가요?

▷ 활 쏘는 실력이 뛰어났을 것 같습니다.

▷ 사냥 훈련과 군사 훈련을 많이 했을 것 같습니다.

▣ 무용총은 누구의 무덤일까요?

▷ 무덤의 주인을 정확히 알 수 없습니다.

▷ 고구려 시대 권력을 가진 사람의 무덤입니다.

▣ 고구려 사람들은 왜 무덤 속에 그림을 그렸을까요?

▷ 사후세계에서도 똑같은 삶을 이어 가기를 소망했기 때문입니다.

흥미 솔솔

▣ **무용총의 구조(굴식 돌방 무덤)**

무용총 안에는 돌로 만든 방이 2개가 있습니다. 더 안쪽에 있는 방인 널(관)이 있는 돌방에 무용도와 수렵도가 그려져 있습니다.

▣ **함께 보면 좋은 영상**

고구려인 삶의 모습을 담은 고분 벽화(2분 39초)

천상의 문양 예술, 고구려 고분벽화 3부 '인간 세상을 그리다'(7분 21초)

고구려 무덤 속 벽화, 무용도와 수렵도

1. 무용도와 수렵도를 보면 고구려 사람들의 생활 모습과 생각을 알 수 있습니다. <보기>를 보고 빈칸을 채워봅시다.

<보기>
방, 점, 말, 군대, 화려한

① 고구려 사람들은 　　　 색깔의 옷, 　 무늬 옷을 입기도 했다.

② 고구려 사람들은 　　　 을 타고 사냥을 했다.

③ 고구려 사람들은 강한 　　　 를 기르기 위해 사냥을 자주 했을 것이다.

④ 고구려 사람들은 무덤 안에 돌로 　　　 을 만들고, 살아 생활하던 모습이나 염원을 벽화로 그렸다.

2. 오늘날의 생활 모습이 잘 드러나는 벽화를 그려봅시다.

- 오늘날 유행하는 옷차림, 오늘날 중요하게 생각하는 능력에는 무엇이 있을까요?

- 오늘날의 생활 모습이 두드러지게 나타나는 벽화를 그려봅시다.

고구려의 위상

11. 광개토대왕릉비

천안 독립기념관에 재현된 광개토대왕릉비(돌, 높이 6.4m, 너비 2m, 고구려 시대)

광개토대왕릉비는 광개토대왕의 업적을 널리 알리기 위해 그의 아들인 장수왕이 414년에 세운 비석입니다. 이 비석은 고구려의 두 번째 수도였던 국내성 옛터(현재 중국의 집안시)에 있습니다. 높이는 약 6.4미터, 무게는 약 38톤에 달할 정도로 크기가 웅장합니다. 동아시아에서 가장 큰 비석으로 알려져 있습니다. 광개토대왕의 정복 활동이 쓰여진 비문*을 통해 강력한 힘을 자랑했던 고구려의 역사를 엿볼 수 있습니다.

*비문: 비석에 적힌 글

구체적이고 생생하게 적혀 있는 광개토대왕의 업적

광개토대왕릉비의 표면을 자세히 들여다보면 반듯하게 그어진 선이 보입니다. 균등한 간격으로 글자를 새기기 위해 바둑판처럼 선을 그어 둔 것입니다. 글자는 4개의 면에 새겨져 있습니다. 각 칸의 글자들은 손바닥만 한 크기로 총 1,775자입니다. 150여 개의 글자는 자연적으로 혹은 사람에 의해 손상되었습니다.

비문은 크게 세 부분으로 나뉩니다. 첫째, 주몽의 고구려 건국 이야기부터 고구려 여러 왕들의 업적 이야기, 둘째, 광개토대왕의 영토 확장 업적을 시간 순서대로 기록한 글, 셋째, 광개토대왕의 무덤을 지키는 사람들의 명단과 규정이 새겨져 있습니다.

비문은 옛 역사책보다 광개토대왕의 활약상을 구체적이고 생생하게 담고 있어 동아시아 강대국으로서의 고구려의 위상이 느껴집니다. 광개토대왕의 업적을 칭송한 몇 개의 문장을 살펴보겠습니다.

"태왕(광개토대왕)의 은택은 하늘에 미치고 위엄은 사해에 떨쳤다."

"나라는 부강하며 백성은 여유롭고 오곡은 풍성하게 여물었다."

"이에 공적을 새겨 후세에 전하노라."

광개토대왕릉비는
그 높이가 2층 건물보다
높을 정도로
규모가 웅장합니다.

탁본이란 비석의
글 또는 그림에 먹을 묻혀
종이에 찍어내는 것입니다.

비석의 내용을 오래 보존하고,
탁본을 꺼내보며
역사 연구를 할 수 있습니다.

수업? 재미 up! 흥미 up!

핵심 쏙쏙

▣ 광개토대왕릉비는 어느 왕 때 만들어졌나요?

▷ 고구려 장수왕 때 만들어졌습니다.

▣ 광개토대왕릉비는 어디에 있나요?

▷ 고구려의 두 번째 수도인 국내성 옛터에 있습니다.

▣ 광개토대왕릉비에는 어떤 내용이 있나요?

▷ 주몽이 고구려를 건국한 이야기, 그 이후 왕들의 업적이 적혀 있습니다.

▷ 광개토대왕의 영토 확장에 대한 내용이 적혀 있습니다.

▷ 광개토대왕의 무덤을 지키는 사람들의 명단과 그 규정이 적혀 있습니다.

▣ 광개토대왕릉비의 내용을 통해 무엇을 알 수 있나요?

▷ 당시 고구려가 동아시아의 강대국이었음을 알 수 있습니다.

흥미 솔솔

▣ 함께 보면 좋은 유물

충주 고구려비는 고구려의 또 다른 비석입니다. 우리나라에 유일하게 남아 있는 고구려 비석으로, 고구려 영토의 남쪽 경계와 고구려와 신라의 외교 관계를 알게 해주는 유물입니다.

▣ 함께 보면 좋은 영상

비밀의 문, 광개토대왕릉비(5분 48초)

▣ 광개토대왕릉비 위치

충주 고구려비
(높이 203cm
폭 55cm,
고구려 시대)

고구려의 위상, 광개토대왕릉비

1. 광개토대왕릉비에 대한 알맞은 설명을 <보기>의 낱말을 활용하여 완성해 봅시다.

<보기>
강대국, 탁본, 국내성, 장수왕

① 고구려의 두번째 수도인 옛터에 남아있습니다.

② 광개토대왕릉비는 광개토대왕의 업적을 널리 알리기 위해 이 세운 비석입니다.

③ 광개토대왕릉비를 통해 동아시아 으로서의 고구려의 위상을 알 수 있습니다.

④ 비석에 먹을 묻혀 종이에 찍어내는 을 통해 비문의 내용을 파악하고 역사 연구를 할 수 있습니다.

2. 광개토대왕릉비와 관련된 <보기> 낱말을 아래 글자들 속에서 찾아 색칠해 봅시다.

<보기>
광개토대왕릉비, 고구려, 국내성, 장수왕,
업적, 탁본, 동아시아 강대국, 비석, 영토, 태왕

아	동	개	토	장	광	태	영	본	장
신	아	삼	국	제	왕	중	비	업	왕
역	시	광	개	동	시	비	장	적	전
재	아	박	물	장	아	확	고	구	탁
전	강	관	라	백	수	태	문	국	석
사	대	광	개	토	대	왕	릉	비	내
학	국	내	성	석	대	국	쟁	고	기
자	박	국	현	영	한	다	구	시	대
미	연	탁	본	왕	토	려	리	상	국
구	술	사	삼	국	민	국	위	강	대

일본에 전해진 백제의 검

12. 칠지도

칠지도 복제품(철, 길이 74.5cm, 백제 시대)

칠지도는 4세기경 백제에서 일본으로 보낸 철로 만든 검입니다. 칼의 몸통 양쪽에 작은 칼날이 나뭇가지처럼 나와 있는 형태로, 중앙의 칼날과 양쪽에 3개씩 난 칼날을 합치면 모두 7개가 되기 때문에 칠지도라는 이름이 붙여졌습니다.

칠지도는 무기로서 만들어진 검이 아니라 상징적인 의미를 가진 검이었습니다. 칼의 앞면에는 35자, 뒷면에는 27자 등 총 62자의 글자가 새겨져 있으며, 이를 해석하면 칠지도를 백제의 왕이 일본의 왕에게 보낸 것임을 알 수 있습니다.

칠지도는 백제의 뛰어난 철제 기술을 보여주는 유물이지만, 현재 우리나라에 있지 않고 일본의 국보로 지정되어 이소노카미 신궁에 보관되어 있습니다.

칠지도가 만들어진 방법

칠지도를 만들기 위해서는 숙련된 제철 기술이 필요했습니다. 철을 뜨겁게 달궈 두드리고 식히는 과정을 여러 차례 거쳐 칼날 모양을 만듭니다. 그런 다음, 완성된 칼날 위에 조각칼을 대고 망치로 두드려 글자 모양으로 홈을 팝니다. 이 홈에 가느다란 금실을 끼워 넣고 다시 두드려서 단단히 고정합니다. 이와 같은 상감기법으로 칼에 글씨를 새겨 넣을 수 있을 만큼 백제의 철을 다루는 기술은 매우 뛰어났습니다.

칠지도에 새겨진 명문과 그 해석에 관한 논란

〈칠지도에 새겨진 글의 해석〉

태화 4년 11월 16일 병오날 한낮에 백번이나 단련한 강철로 칠지도를 만들었다. 이 칼은 모든 적을 물리칠 수 있으니, 제후국의 왕에게 나누어 줄만하다. □□□□가 만들었다. 지금까지 이러한 칼은 없었는데, 백제 왕세자가 왜왕 지를 위해 만들었으니 후세에 전하여 보이라.

(□는 판독이 어려운 글씨)

칠지도를 누가, 어떤 이유로 만들었는지에 대해서는 여러 가지 의견이 있습니다. 일본에서는 백제의 왕이 일본의 왕에게 바친 것이라고 주장하며 일본이 한반도의 일부를 지배했다고 주장하지만 신빙성이 부족합니다.

칠지도가 보내졌을 때의 백제는 고구려와 신라를 압박하고 한강 유역을 차지하며 군사적, 문화적으로 일본보다 훨씬 우위에 있는 시기였습니다. 또한 당시 일본은 품질 좋은 철을 만들고 글자를 새길 만한 제철 기술을 가지고 있지 않았습니다.

칠지도에 새겨진 글귀와 시대적 상황을 볼 때 백제가 왜의 왕에게 하사한 것으로 보는 것이 타당합니다.

수업? 재미 up! 흥미 up!

핵심 쏙쏙

▣ 칠지도라는 이름이 붙여진 까닭은 무엇인가요?

▷ 중앙의 가지와 양 옆의 3쌍의 가지를 합해 7개의 가지를 가진 나뭇가지 모양의 검이라 칠지도라는 이름이 붙여졌습니다.

▣ 칠지도는 누가 누구에게 준 것인가요?

▷ 백제의 왕이 일본의 왕에게 준 것으로 전해지고 있습니다.

▣ 칠지도와 관련된 다양한 의견이 있습니다. 칠지도가 백제의 왕이 왜의 왕에게 보낸 것이라는 근거로 들 수 있는 것에 어떤 사실이 있습니까?

▷ 칠지도의 글귀에 백제의 왕이 일본의 왕에게 준다는 글이 있습니다.

▷ 당시 백제는 고구려와 신라를 압박하고 한강 유역을 차지할 정도로 막강한 군사력이 있는 나라였습니다.

▷ 일본은 당시 좋은 품질의 철을 만들고 글씨를 새길 만한 기술이 없었습니다.

흥미 솔솔

▣ **일본에 전해진 백제의 문화**

백제와 일본은 교류가 많았습니다. 백제의 우수한 문화는 일본에 전해져 불교, 지리, 천문, 공예, 음악 등 여러 분야에서 영향을 주었습니다. 백제는 여러 학자와 기술자를 일본에 보내 학문과 기술을 전수해 주기도 하였습니다. 그러한 이유로 백제와 일본에서 모양이 비슷한 문화재가 발견되기도 합니다.

백제 입점리
고분 금동관모

일본 에타후나야마
고분 금동관모

▣ **함께 보면 좋은 영상**

HD역사스페셜-백제, 비밀의 문 칠지도(58분 5초)

일본에 전해진 백제의 검, 칠지도

1. 칠지도에 관한 O, X 퀴즈를 풀어보세요.

문 제	O, X
칠지도는 백제의 우수한 철기 문화를 보여주는 유물이다.	
현재 우리나라의 절에서 보관 중이다.	
백제의 왕이 왜의 왕에게 보낸 것이다.	
칠지도는 무기로 쓰인 철검이다.	
백제는 우수한 문화를 일본에게 전해주며 교류하였다.	
칠지도가 전해진 시기는 무령왕 때로 추정된다.	

2. 백제의 왕이 되어 일본의 왕에게 칼을 보내려고 합니다. 칼을 색칠하고 여러분이 백제의 왕이라면 칼에 어떤 글귀를 적어 보낼지 적어봅시다.

백제의 정교한 건축예술

13. 정림사지 오층석탑

부여 정림사지 오층석탑(높이 8.33m, 백제 시대)

정림사지 오층석탑은 충청남도 부여군 정림사터에 세워진 백제 시대를 대표하는 석탑으로, 목탑 형식으로 만들어졌습니다. 1962년에 국보로 지정되었으며, 여러 차례의 발굴 조사 과정에서 탑 근처에서 발견된 '태평8년무진정림사'라는 글자가 새겨진 기와를 통해, 이 절터는 '정림사지', 석탑은 '정림사지 오층석탑'이라고 부르게 되었습니다. '익산 미륵사지 석탑'과 함께 백제 시대를 대표하는 두 개의 석탑 중 하나로, 이 시기의 석탑 양식을 연구할 수 있는 중요한 문화유산입니다.

백제의 기술과 탑의 구조

정림사지 오층석탑의 높이는 8.33m로 어른 키의 약 4배 정도 되는 크기입니다. 석탑은 다듬어진 터 위에 한 층 높게 기단을 쌓고, 그 위에 5층의 탑신부*와 정상에 상륜부*를 얹은 구조로 이루어져 있습니다.

기단은 각 면의 중앙와 모서리에 기둥돌을 끼워 놓았으며, 약간의 경사를 주어 빗물이 자연스럽게 흘러내리도록 하였습니다.

탑신부의 각 층은 아래부터 위로 올라가면서 점차 폭이 좁아지는 형태이며, 얇고 넓은 지붕돌은 처마 네 귀퉁이가 부드럽게 들려 있어 단정하면서도 우아한 인상을 줍니다.

좁고 낮은 1단 기단, 위로 올라갈수록 좁아지는 탑신부, 얇고 넓은 지붕돌 형태 등은 이 탑이 목탑 형식으로 만들어진 석탑이라는 것을 보여주고 있습니다.

석탑의 지붕돌

석탑의 기단부

정림사지

정림사지는 백제 시대에 세워진 중요한 절터입니다. 이 절은 백제의 성왕이 수도를 지금의 부여인 '사비'로 옮기면서 왕궁과 여러 중요한 건물들을 지을 때 함께 세운 절입니다.

부여 정림사지 복원도

정림사지에는 특별한 배치 방식이 있습니다. 정림사지는 중문, 탑, 큰 법당, 강당이 일직선으로 놓여 있으며, 이 건물들을 둘러싼 회랑이라는 복도가 있습니다. 이러한 배치 방식은 백제의 여러 절에서 볼 수 있는 특징입니다.

*탑신부: 탑 맨 아래의 기단과 상륜 사이에 있는 탑의 몸
*상륜부: 쇠붙이로 만든 불탑의 꼭대기에 있는 원기둥 모양의 장식

수업? 재미 up! 흥미 up!

핵심 쏙쏙

▣ 정림사지 오층석탑은 어느 시대에 만들어졌을까요?

▷ 백제 시대에 만들어졌습니다.

▣ 정림사지 오층석탑의 지붕돌의 특징은 어떠한가요?

▷ 처마의 귀퉁이가 부드럽게 들려져 단정한 모습입니다.

▣ 정림사지 오층석탑이 목탑 형식이라는 것은 무엇을 보고 알 수 있을까요?

▷ 1단의 기단이 좁고 얕습니다. 기둥이 위로 올라갈수록 폭이 줄어듭니다. 지붕돌이 얇고 넓습니다.

▣ 정림사지 오층석탑과 함께 또 다른 목탑 형식의 백제 석탑은 무엇인가요?

▷ 익산 미륵사지 석탑입니다.

▣ 정림사지에 있는 주요 건물들의 배치 방식은 어떤 특징이 있나요?

▷ 중문, 탑, 법당, 강당이 일직선으로 놓여 있습니다. 이 배치 방식은 백제의 여러 절에서 볼 수 있는 특징입니다.

흥미 솔솔

▣ **정림사지 석조여래좌상**

정림사지 오층석탑 맞은편에는 석조여래좌상이 있습니다. 정림사는 백제 시대에 만들어진 후 고려 시대까지 이어진 사찰인데, 이 석불상은 고려 시대의 번영을 보여줍니다.

신체는 심한 파괴로 형체만 겨우 남아 있어 자세한 양식을 알아보기 어렵지만 좁아진 어깨와 가슴으로 올라간 왼손의 표현으로 보아 왼손 검지 손가락을 오른손으로 감싸 쥔 비로자나불을 형상화한 것으로 추정됩니다.

부여 정림사지 석조여래좌상

▣ **함께 보면 좋은 영상**

EBS교양 정림사지 오층석탑(8분 43초)

백제의 정교한 건축예술, 정림사지 오층석탑

1. 정림사지 오층석탑에 대한 설명으로 맞으면 O, 틀리면 X를 표시하세요.

1) 정림사지 오층석탑은 신라 시대 석탑이다. (　　)

2) 정림사지는 백제의 성왕이 수도를 지금의 부여인 '사비'로 옮기고 세운 절이다. (　　)

3) 정림사지 오층석탑은 목탑 형식의 석탑이다. (　　)

4) 정림사는 고려 시대에 만들어진 석조여래좌상이 있어 정림사가 고려 시대에도 번창했음을 알 수 있다. (　　)

2. 정림사지 오층석탑을 보며 (　　　) 칸을 채워봅시다.

정림사지 오층석탑은 터를 다듬은 후 터보다 한 층 높게 (　　　　)을 쌓고, 그 위에 (　　　) 층의 탑신부, 정상에 상륜부가 올라간 모습입니다. 얇고 넓은 (　　　　)은 처마의 네 귀퉁이가 부드럽게 들려져 단정한 모습입니다.

백제가 꿈꾸던 세상

14. 산수무늬벽돌

산수무늬벽돌(한 변 29cm 내외, 두께 4cm 내외, 백제 시대)

산수무늬벽돌은 산수문전이라고도 하며 상단에는 구름, 그 아래로 봉우리가 3개인 산, 하단에는 흐르는 물이 표현되어 있습니다. 산수란 산과 물이 어우러진 아름다움을 표현하는 것이며, 이 산수무늬벽돌은 산수를 표현한 예술품 중 가장 오래된 작품으로 우리나라 산수화의 기원이라고도 할 수 있습니다.

부여 외리 문양전*은 산수무늬벽돌을 포함하여 산수봉황무늬벽돌, 봉황무늬벽돌, 용무늬벽돌, 산수도깨비무늬벽돌, 연꽃도깨비무늬벽돌, 연꽃구름무늬벽돌, 연꽃무늬벽돌로 모두 8장의 벽돌입니다. 벽돌은 정사각형 모양으로 네 귀퉁이에 홈이 있어 벽돌을 연결하여 건물의 벽을 장식했을 것이라고 추측합니다. 만든 방법이나 문양의 특징을 보면 중국의 영향을 받았으며, 일본에게 영향을 주었다는 것을 알 수 있습니다. 이 문양전은 백제의 뛰어난 감각과 기술, 혼이 담긴 귀중한 문화유산입니다.

*문양전: 무늬를 새긴 벽돌

산수봉황무늬벽돌

산수무늬벽돌의 오른쪽 아래를 확대한 사진입니다. 집과 그 집을 향해 걸어가는 한 신선이 보이나요?

산수무늬벽돌 속 집과 신선의 모습

산수무늬벽돌의 무늬를 자세히 살펴볼까요?

산수무늬벽돌과 산수봉황무늬벽돌을 함께 살펴봅시다. 두 무늬벽돌 모두 신비로운 구름과 산봉우리들이 보입니다. 산봉우리 사이사이에는 나무들이 있고 아래쪽에는 바위들이 자리잡고 있으며 물이 흐르고 있습니다.

산수봉황무늬벽돌 중심부 위쪽에는 날개를 펼친 봉황이 정면을 바라보고 있습니다. 봉황의 모습은 좌우의 문양들과 함께 더욱 신령한 모습을 보여줍니다.

왼쪽 산수무늬벽돌을 확대한 사진을 볼까요? 집 한 채와 신선으로 보이는 인물이 선으로 새겨져 있는데 마치 깊은 산 속 집을 향해 걸어가는 신선의 모습 같습니다. 두 무늬벽돌 모두 산과 구름의 표현이 조화롭고 좌우 대칭구조로 안정적인 모습입니다. 또한 바위와 산, 나무, 구름들을 겹쳐 표현한 모습에서 깊이감과 원근법이 잘 드러나 백제의 뛰어난 예술성을 보여줍니다.

연결 지어지는 문양전

용무늬벽돌, 봉황무늬벽돌, 연꽃무늬벽돌, 연꽃구름무늬벽돌을 한데 모으면 가운데 꽃 모양이 나타납니다.

또한 나머지 네 개의 문양전을 모아보면 산 모양이 나타납니다. 이는 문양을 새길 때 연결성을 궁리한 것임을 알 수 있습니다.

용무늬벽돌 봉황무늬벽돌
연꽃무늬벽돌 연꽃구름무늬벽돌

수업? 재미 up! 흥미 up!

핵심 쏙쏙

▣ 문양전은 무엇인가요?

▷ 무늬를 새긴 벽돌입니다.

▣ 부여 외리 문양전은 어디에 사용했을까요? 어떻게 알 수 있나요?

▷ 벽돌을 서로 연결하여 건물의 벽을 장식했을 것입니다.

▷ 벽돌의 네 귀퉁이에 홈이 파여 있어서 서로 연결해서 사용했다는 것을 알 수 있습니다. 또 벽돌들이 서로 짝을 이루면 산이나 꽃 모양이 나타나는 걸 보니 함께 붙여서 사용했을 것 같습니다.

▣ 8장의 문양전에는 어떤 모습이 표현되어 있나요?

▷ 산수무늬 2장, 도깨비무늬 2장, 연꽃무늬 2장, 용무늬, 봉황무늬가 있습니다.

▣ 산수문전에는 어떤 모습이 보이나요? 자세히 표현해 봅시다.

▷ 신비로운 구름이 있고 그 아래 산과 나무들이 있습니다. 벽돌 아래쪽에는 물이 흐르고 있습니다. 산 속 집을 향해 걸어가는 신선의 모습도 보입니다.

흥미 솔솔

▣ **부여 외리 문양전**

부여 외리 문양전 일괄은 1937년 충청남도 부여군 규암면 외리에서 한 농부가 나무뿌리를 캐던 중 발견한 것으로, 백제의 마지막 수도인 사비(지금의 부여) 시대를 대표하는 유물입니다. 발견 당시 벽돌 문양의 위아래가 엇갈려 있었던 점으로 미루어 보아, 다른 용도로 사용하기 위해 본래 사용된 위치에서 옮겼을 것이라고 추측하고 있습니다.

부여 외리 문양전 발견 당시 모습

▣ **함께 보면 좋은 영상**

[국립부여박물관 온라인 특별전] 백제 산수문전(5분 15초)

백제가 꿈꾸던 세상, 산수무늬벽돌

1. 부여 외리 문양전에 대한 설명이 맞으면 O, 틀리면 X를 표시하세요.

1) 문양전은 무늬를 새긴 벽돌로 바닥에 깔기 위해 만들었다. ( )

2) 부여 외리 문양전에는 산수, 봉황, 현무, 백호 무늬가 있다. ( )

3) 부여 외리 문양전과 금동대향로에 새겨진 문양은 비슷하다. ( )

4) 산수무늬벽돌은 도깨비무늬벽돌과 짝을 이루고 있다. ( )

2. 산수무늬벽돌을 감상해 봅시다. 산수무늬벽돌의 모습을 자세히 표현해 보고 마음에 드는 부분을 이야기해 봅시다.

산수무늬벽돌의 모습	
마음에 드는 부분	

3. 문양에는 그 시대 사람들의 생각과 바람들이 담겨 있습니다. 여러분이 백제인이라고 상상해 봅시다. 어떤 생각과 바람을 담아 장식하고 싶나요? 1장, 2장, 또는 4장의 벽돌 틀을 만들어 생각과 바람을 담아 문양을 그려 봅시다.

신비롭게 피어오르는 향

15. 백제 금동대향로

백제 금동대향로(높이 61.8cm, 최대 지름 19cm, 백제 시대)

백제 금동대향로는 청동으로 만들고 그 위에 금을 입힌 큰 향로입니다. 향로는 향을 피울 때 쓰이는 도구로, 옛날 사람들은 향을 피우면 나쁜 기운이 없어진다고 믿었습니다. 금동대향로는 백제 왕실의 선왕께 제사를 지낼 때 사용하던 것입니다.

금동대향로는 부여 능산리 부여왕릉원 근처에 주차장을 만드는 공사를 하기 전에 발굴 조사를 하다가 우연히 발견되었습니다. 진흙 웅덩이 속에서 원래 모양을 그대로 간직한 모습이었습니다. 금동대향로가 발굴된 곳은 절터로 밝혀졌습니다.

백제 사람들이 꿈꾼 이상세계 모습

금동대향로는 뚜껑, 몸체, 받침, 크게 세 부분으로 이루어져 있습니다. 각 부분은 백제 사람들이 꿈꾼 이상세계 모습으로 장식되었습니다. 봉황의 가슴에 2개, 뚜껑의 산봉우리 사이사이에 10개의 구멍이 있습니다. 곳곳에 뚫린 12개의 구멍을 통해 공기가 들어가고 향 연기가 나옵니다.

금동대향로는 다른 향로보다 크기가 크고 장식이 몹시 섬세합니다. 금동대향로의 발견 덕분에 백제의 문화와 뛰어난 금속 기술을 추측할 수 있습니다. 장식이 얼마나 섬세한지, 그 속에 어떤 이야기가 담겨있는지 함께 살펴봅시다.

뚜껑

봉황은 왕이 나라를 잘 다스려 평화로운 시대에 나타나는 상상의 새다. 목에 여의주를 품고 날개를 펼치고 있다.

산봉우리와 계곡이 첩첩이 겹쳐져 있다. 진귀한 동물들, 상상의 동물들, 신선들, 악기를 연주하는 5명의 사람들이 있다.

몸체

연꽃은 불교에서 새로운 생명을 탄생시킨다는 의미다.

받침

용은 여러 가지 동물들의 강점을 모두 가진 상상의 동물이다. 수호신 혹은 왕을 상징하기도 한다.

향로의 뚜껑에 장식된 그림입니다. 동그라미 표시가 되어 있는 것은 악기를 연주하는 사람들입니다. 동물들도 찾아보세요.

수업? 재미 up! 흥미 up!

핵심 쏙쏙

▣ 향을 피우는 데에 쓰이는 향로를 이렇게 아름답게 만든 까닭은 무엇일까요?

▷ 왕을 기리기 위해 백제 왕실에서 만들었기 때문입니다.

▷ 백제 사람들이 자신들이 꿈꾸던 이상 세계에 대한 염원을 담아 만들었기 때문입니다.

▣ 봉황과 용은 무엇을 의미할까요?

▷ 봉황은 태평성대에 등장하는 상상의 새입니다. 어진 임금님을 나타내는 것 같습니다.

▷ 용은 수호신 또는 왕을 의미하는 상상의 동물입니다.

▣ 금동대향로에는 왜 우리나라에 살지 않았던 동물들도 장식되어 있을까요?

▷ 코끼리, 원숭이와 같은 동물들은 백제와 교류했던 나라에 사는 동물입니다.

▷ 백제가 다른 나라와 활발하게 교류한 것 같습니다.

흥미 솔솔

▣ 함께 보면 좋은 유물

박산향로는 신선이 살고 있다는 전설 속의 박산을 표현한 중국 향로입니다. 중국 한나라 시대에 크게 유행하였습니다. 백제 금동대향로의 형태와 유사하지만, 금동대향로가 박산향로보다 훨씬 더 큽니다. 또한, 금동대향로의 장식이 더욱 섬세하고 정교합니다. 백제의 우수한 금송공예 기술을 엿볼 수 있습니다.

박산향로(높이 20cm, 입지름 20.5cm, 중국 후한 시대)

▣ 함께 보면 좋은 영상

백제 금동대향로에 향을 피워볼까요?(45초)

신비롭게 피어오르는 향, 금동대향로

1. 백제 금동대향로는 그 안에 숨겨진 의미가 많습니다. <보기>를 보고 빈칸을 채워 봅시다.

<보기>

받침, 불교, 성왕, 연꽃, 봉황

① 백제 금동대향로는 부여왕릉원 근처에서 발견되었습니다. 위덕왕이 아버지인 　　　을 기리기 위해 만든 것으로 추측됩니다.

② 　　　은 왕이 나라를 잘 다스려 평화로운 시대에 나타난다고 알려진 상상의 새입니다.

③ 몸체에는 　　　이 새겨져 있습니다. 이것은 　　　에서 새로운 생명을 탄생시킨다는 의미를 가지고 있습니다.

④ 　　　에는 용이 있습니다. 용이 향로 몸체를 떠받치고 있습니다.

2. 백제 금동대향로 속 동물을 찾아 동그라미를 표시해 봅시다.

해태

원숭이

긴부리새

사자

인면조신

코끼리

백제의 미소

16. 마애여래삼존상

서산 용현리 마애여래삼존상(높이 2.8m, 백제 시대 후기)

마애여래삼존상은 백제 시대 후기인 6세기 말이나 7세기 초에 만든 것으로 추정되는 석조 불상으로 백제의 온화한 미소를 보여 주고 있습니다. 충청남도 서산시 용현리의 계곡을 따라 들어가면 층암절벽에 거대한 여래입상을 중심으로 오른쪽에는 보살입상, 왼쪽에는 반가사유상이 조각되어 있습니다.

'마애'는 석벽에 새긴 글자나 불상 등을 말하고, '여래'는 부처님을 뜻합니다 즉 마애여래삼존상은 벽에 새겨진 세 분의 부처님이란 뜻입니다. 모두 밝은 미소를 짓고 있어 '백제의 미소'로 불립니다.

마애불의 삼존상은 『법화경』에 나오는 제화갈라보살, 석가, 미륵을 표현한 것으로 추정되며 이는 각각 과거, 현재, 미래를 나타냅니다. 이곳은 백제 때 중국으로 통하는 교통로의 중심지인 태안반도에서 부여로 가는 길목에 해당하므로, 이 마애여래삼존상의 부처님께 소원을 빌며 중국과 문화 교류를 했던 사람들의 생활상도 생각해 볼 수 있습니다.

마애여래삼존상의 본존 불상

연꽃 잎을 새긴 대좌 위에 서 있는 여래입상은 전체 얼굴 윤곽이 둥글고 풍만하여 백제 불상 특유의 자비로운 인상을 보여줍니다. 옷이 두꺼워 몸의 윤곽이 드러나지 않으며, 앞면에 U자형 주름이 반복되어 있습니다. 둥근 머리 광배 중심에는 연꽃을 새기고, 그 둘레에는 불꽃무늬를 새겼습니다.

또한 오른손은 위로 올려 손바닥이 보이는데 이 모양은 두려움을 없애 준다는 의미이고, 왼손은 손바닥을 아래로 향하고 있는데 소원을 들어준다는 뜻입니다.

'광배'란 부처님 머리 위에 둥그런 빛, 또는 등쪽에서 나오는 빛으로 '후광'이라고도 해요. 부처님의 신비함과 위대함을 나타내요.

본존 불상(석가여래입상)

마애여래삼존상의 제화갈라보살입상과 미륵반가사유상

본존 불상의 오른쪽에서 머리에 관을 쓰고 있는 제화갈라보살입상은 얼굴에 살이 올라 있고, 눈과 입을 통하여 만면에 미소를 띠고 있습니다. 옷을 걸치지 않은 상체는 목걸이만 장식하고 있고, 하체의 치마는 발등까지 길게 늘어져 있습니다.

오른쪽의 제화갈라보살입상

왼쪽의 반가사유상도 만면에 미소를 띤 둥글고 살찐 얼굴입니다. 두 팔은 크게 손상을 입었으나 왼쪽 다리에 오른쪽 다리를 올리고 왼손으로 발목을 잡고 있는 모습, 오른쪽 손가락으로 턱을 받치고 있는 모습에서 세련된 조각 솜씨를 볼 수 있습니다.

왼쪽의 미륵반가사유상

처마 역할을 하는 큰 바위 아래 자리하여 햇빛이 들어오는 각도에 따라 달라지는 삼존상의 미소는 오랜 세월이 지난 지금까지도 보는 이의 마음을 사로잡습니다.

수업? 재미 up! 흥미 up!

핵심 쏙쏙

▣ '마애'는 무슨 뜻인가요?

▷ 석벽에 새긴 글자, 그림, 불상 등을 말합니다.

▣ '여래'는 무엇을 말하나요?

▷ 부처님을 뜻합니다.

▣ 마애여래삼존상은 어디에 있나요?

▷ 충청남도 서산시 용현리(계곡의 층암절벽)에 있습니다.

▣ 마애여래삼존상은 언제, 어떤 방법으로 만들어졌나요?

▷ 6세기 말이나 7세기 초, 백제 시대에 만든 것으로 보입니다.

▷ 암벽을 조금 파고 들어가 불상을 조각하여 만들었습니다.

▣ 마애여래삼존상의 의미는 무엇인가요?

▷ 삼존상은 '법화경'에 나오는 제화갈라보살입상, 석가여래입상, 미륵반가사유상을 표현한 것으로 과거, 현재, 미래를 나타내며 중생의 근심을 막고 소원을 이루어 준다고 합니다.

흥미 솔솔

▣ **마애여래삼존상의 발견 이야기**

학자들이 절터를 발굴 조사하던 1959년 4월 어느 날, 국립부여박물관 관장 홍사준은 인근 마을 주민들에게 혹시 절에 관련하여 전해지는 이야기가 있는지, 산에서 부처님이 새겨진 바위나 석탑 따위를 본 적이 있는지 물어보고 다녔는데 한 주민에게서 인(印)바위에 가면 웃는 산신령 조각이 있다는 말을 들었습니다.

당시 그 주민은 삼존상이 산신령과 그의 두 부인들이고, 우측에 있는 부인이 앉아서 턱을 괴고 놀리자 좌측에 있는 부인이 화가 나서 돌을 쥔 모습이라고 생각했습니다. 그렇게 삼존상을 확인하게 된 홍사준은 이 사실을 학계에 보고했고, 이렇게 해서 1500년간 산 속에 있던 삼존상이 세상에 드러났습니다.

▣ **함께 보면 좋은 영상**

신비로움을 간직한 천 년의 미소, 서산 용현리 마애여래삼존상(3분 25초)/국가유산채널

백제의 미소, 마애여래삼존상

▣ 마애여래삼존상의 사진과 설명입니다. <보기>를 보고 빈칸을 채워 봅시다.

보기

광배

수인

소원

두려움

반가사유상

백제

미소

세 분의 부처님 중 한 분만 자세가 다릅니다. 이 자세를 (❶)이라고 합니다. 왼쪽 다리 위에 오른쪽 다리를 올리고 생각에 잠긴 모습을 표현한 것입니다.

가운데 부처님은 오른손을 위로 올려 손바닥이 보이는데 이 모양은 (❷)을 없애준다는 의미이고, 왼손은 손바닥을 아래로 향하고 있는데 (❸)을 들어준다는 뜻입니다.

세 부처님 모두 밝은 (❹)를 짓고 있어 '백제의 (❹)'로 불립니다.

사색에 잠긴 모습

17. 금동미륵보살반가사유상

금동미륵보살반가사유상(삼산관반가사유상)
(금동, 높이 90.8cm, 삼국 시대)

금동미륵보살반가사유상(일월식삼산관반가사유상)
(금동, 높이 90.8cm, 삼국 시대)

금동미륵보살반가사유상은 석가모니가 태자였을 때 인생의 덧없음을 사유하던 모습에서 비롯된 것으로 삼국 시대 반가사유상은 대부분 미륵보살을 표현한 것으로 짐작합니다. 불상의 이름은 크게 세 부분으로 나누어 살펴볼 수 있습니다. '금동'은 구리로 만든 후 표면에 얇게 금을 입히는 기법을 의미합니다. '미륵보살'은 오랜 시간이 지난 후 사람들을 구하기 위해 이 세상에 올 미래의 부처입니다. '반가사유상'은 한쪽 다리를 다른 쪽 무릎 위에 올려놓고 깊은 생각에 잠긴 불교 유물입니다. 미륵보살반가사유상이 만들어진 삼국 시대는 불교가 전해져 많은 사람들이 불교를 믿기 시작한 시기입니다.

왼쪽 불상은 머리에 둥근 세 개의 산 모양 관을 쓰고 있어서 '삼산관반가사유상'이라고도 불리는 국내에서 가장 큰 금동반가사유상입니다.

얼굴은 거의 원형에 가깝고 입가는 부드러운 미소를 띠고 있습니다. 상반신에는 목걸이만 걸려 있고, 손가락으로 살며시 턱을 괴고 있습니다. 오른발은 왼쪽 무릎 위에 얹어 놓고 왼발은 연꽃무늬 대좌*를 밟고 있습니다. 하반신을 덮고 있는 옷자락은 자연스럽고 생동감 있게 표현되어 있습니다.

입가의 미소, 깊은 생각에 잠겨 있는 듯한 표정, 부드러운 옷주름, 손발의 섬세한 표현, 전체적인 조화 속에서 삼국 시대의 뛰어난 예술성을 엿볼 수 있습니다.

오른쪽 불상은 해와 초승달이 장식된 보관을 쓰고 있어서 '일월식삼산관반가사유상'이라고도 불립니다. 왼쪽 불상과 가장 큰 차이는 머리에 쓴 관의 모양입니다.

머리에 쓴 관에서 나온 두 가닥의 장식이 어깨까지 닿아 있고, 얼굴은 네모난 편이며 입가를 들어가게 하여 미소를 띠고 있습니다. 늘씬한 팔과 몸에 비해 손과 발은 큼직합니다. 천의(보살이 입는 옷)는 전체적으로 부드럽게 몸을 감싸고 있으며, 주름 표현이 섬세합니다. 왼쪽 반가사유상과 마찬가지로 연꽃무늬 대좌에 발을 올리고 있고, 광배는 사라졌습니다.

두께가 2~4mm에 불과한 뛰어난 주조 기술, 신체 각 부분의 조화, 천의와 허리띠의 율동적인 모습 등 뛰어난 기술로 표현된 이상적인 반가사유상의 모습을 볼 수 있습니다.

두 불상의 뒷모습을 살펴볼까요?

두 불상의 머리 뒤에 튀어나온 막대와 구멍으로 광배*를 꽂았음을 알 수 있어요.

삼산관반가사유상의 뒷모습

일월식삼산관반가사유상의 뒷모습

*대좌: 부처나 보살 등을 올려놓은 받침대
*광배: 회화나 조각에서 인물의 성스러움을 나타내는 머리나 등 뒤의 빛

수업? 재미 up! 흥미 up!

핵심 쏙쏙

▣ '미륵보살반가사유상'은 어떤 생각을 하고 있는 것 같나요?

▷ 사람들을 구원하고 싶어서 고민하는 것 같습니다 등

▣ 조각상은 어떤 자세와 표정을 하고 있나요?

▷ 한쪽 다리를 다른 쪽 무릎 위에 올려놓고 있고, 은은한 미소를 띠고 있습니다.

▣ 머리장식과 옷은 어떤 모양인가요?

▷ 삼산반가사유상은 머리에 세 개의 둥근 산 모양 관이 있고, 일월식삼산관사유상은 해와 초승달 모양 관을 쓰고 있습니다. / 두 조각상 모두 부드러운 옷주름이 있는 옷을 입고 있습니다.

▣ 불교는 삼국 시대에 널리 퍼졌습니다. 이 시기 사람들은 왜 미륵보살 조각상을 만들었을까요?

▷ 많은 사람들이 불교를 믿게 하기 위해서 / 소원을 이뤄달라고 빌기 위해서 / 어려움을 이겨내기 위해서 등

흥미 솔솔

▣ **닮은 꼴 보살님이 일본에도 있어요.**

우리나라의 금동미륵보살반가사유상(삼산관반가사유상)과 닮은 일본 교토 고류지 목조미륵반가사유상입니다.

머리에 쓴 삼산관의 모양, 무릎 밑의 옷자락 등 전체적인 모습이 매우 닮았습니다. 또한 이 불상의 재료인 적송(붉은 소나무)은 경상도 일대에서 많이 자라납니다. 이를 통해 우리나라와 일본이 문화를 교류하고 있었다는 것을 알 수 있습니다.

고류지 목조미륵반가상
(목조, 높이 147cm,
일본 교토 고류지)

사색에 잠긴 모습, 금동미륵보살반가사유상

▣ 두 금동미륵보살반가사유상을 자세히 살펴봅시다.

1. '금동미륵보살반가사유상'은 어떤 생각을 하고 있는 것 같나요?

( )

2. 조각상은 어떤 자세와 표정을 하고 있나요?

( )

3. 각각의 머리장식은 어떤 모양인가요?

( ) ( )

4. 두 조각상의 닮은 점과 다른 점을 찾아봅시다.

( )

5. 불교는 삼국 시대에 널리 퍼졌습니다. 이 시기 사람들은 왜 미륵보살 조각상을 만들었을까요?

( )

신라 시대의 유일한 회화 유물

18. 천마총 장니 천마도

천마총 장니 천마도(자작나무 껍질, 53×73cm, 신라 시대)

경주 천마총 「장니 천마도」는 말의 안장 양쪽에 달아 늘어뜨리는 '장니'에 그려진 천마 그림으로 천마총에서 출토되었습니다.

천마는 하늘을 달린다는 전설의 동물입니다. 중앙에 흰색으로 천마가 그려져 있고, 테두리는 흰색, 붉은색, 갈색, 검정색의 덩굴무늬로 장식되어 있습니다.

천마도가 발굴된 황남동고분 155호분(천마총의 예전 이름)에서 금관을 비롯한 무수히 많은 유물이 발견되었음에도 불구하고, 천마도가 현재까지 남아있는 거의 유일한 신라 시대 회화작품으로 그 가치가 매우 커서 고분의 이름이 '천마총'이 되었습니다.

천마도는 벽화가 아니에요!

장니 천마도는 천마를 그린 장니(말다래)를 말합니다. 장니는 말의 양쪽 배를 가리는 가리개로 말을 탄 사람의 옷에 흙이 튀지 않도록 말의 안장*에 매달아 늘어뜨리는 말갖춤*인데 장식물로도 사용되었습니다.

천마도가 그려져 있는 판은 자작나무 껍질을 여러 겹으로 겹친 뒤 14줄의 사선으로 누비고, 가장자리에 가죽을 대어 만들었습니다.

다양한 말갖춤을 장착한 말의 모형,
말박물관에서 촬영

중앙에 흰색으로 그려진 천마는 꼬리를 세우고 하늘을 달리는 모습으로, 다리 앞뒤에 고리모양의 돌기가 나와 있고 혀를 내민 듯한 입의 모습은 신의 기운을 보여줍니다. 당시 사람들은 흰색의 천마가 하늘과 땅을 이어주는 신성한 동물로, 죽은 사람을 하늘 세계로 실어 나르는 역할을 한다고 믿었음을 짐작할 수 있습니다.

1973년 장니 천마도 발굴 직후의 모습

5~6세기의 신라 시대에 그려진 천마도의 천마의 모습 및 테두리의 덩굴무늬는 고구려 무용총이나 고분벽화의 무늬와 같은 양식으로, 신라회화가 고구려의 영향을 받았음을 알 수 있는 그림입니다.

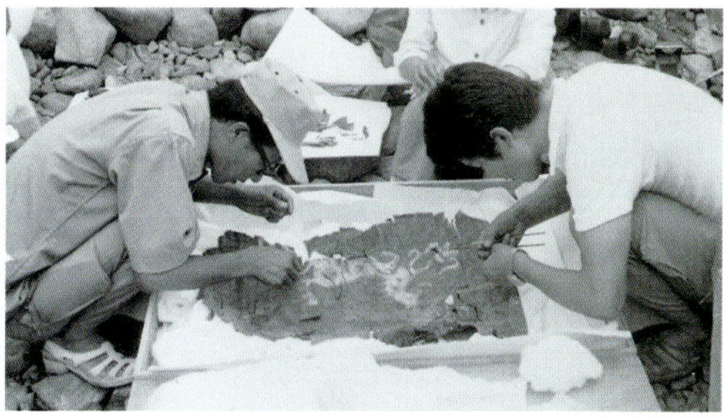

천마총 발굴팀이 천마도가 그려진 장니를
현장에서 수습하는 모습을 기록한 사진

*안장: 사람이 말 등에 편안한 상태로 앉아 안정적으로 말을 탈 수 있도록 말 등에 얹는 말갖춤
*말갖춤: 말을 타는 데 필요한 각종 장구를 통칭하여 말갖춤 또는 마구라고 함

수업? 재미 up! 흥미 up!

핵심 쏙쏙

▣ 천마는 어떤 동물인가요?

▷ 하늘을 달린다는 전설의 동물입니다.

▣ 천마도 그림의 특징은 무엇인가요?

▷ 중앙에 흰색으로 천마가 그려져 있고 테두리는 덩굴무늬로 장식되어 있습니다. 천마가 꼬리를 세우고 하늘을 달리는 모습입니다.

▣ 천마도는 어디에 그렸나요? 이것의 용도는 무엇인가요?

▷ 자작나무 껍질을 여러 겹 겹친 판에 그림을 그렸고, 장니로 사용했습니다. 장니는 말 안장에 매달아 늘어뜨리는 말갖춤으로 흙이 옷에 튀지 않게 하는 용도입니다.

▣ 천마도를 그린 이유는 무엇일까요?

▷ 천마도는 천마총(무덤)에서 발견되었습니다. 당시 사람들은 흰색의 천마가 하늘과 땅을 이어주는 신성한 동물로, 죽은 사람을 하늘 세계로 실어 나르는 역할을 한다고 믿은 것을 짐작할 수 있습니다.

흥미 솔솔

▣ 천마일까? 상상의 동물인 기린일까?

적외선으로 촬영한 천마도

1992년 놀라운 주장이 제기되었습니다. 천마도에 등장하는 동물이 말이 아니라 상상의 동물인 기린이라는 견해였습니다. 그리고 1996년에 국립중앙박물관 보존과학실에서 장니 천마도를 적외선 촬영했는데, 육안으로는 잘 보이지 않았던 상상 속 동물 기린의 특징인 뿔 모양이 천마의 머리 위에 선명하게 등장한 것이 화제가 되었습니다. 뿔과 꼬리에 표현된 '갈기'는 매우 비슷한 모습을 하고 있는데, 단순한 갈기라는 해석부터 신비한 기운을 표현한 것이라는 주장도 있습니다.

만약에 천마도에 그려진 동물이 천마가 아닌 기린이라는 명확한 증거를 찾게 된다면 천마총 무덤의 이름을 기린총으로 바꿔야 할지도 모르겠네요.

신라 시대의 유일한 회화 유물, 천마도

▣ 천마도 및 천마총과 관련이 있는 낱말들입니다.

아래 설명을 보고, 가로세로 낱말 퀴즈를 풀어봅시다.

			7		1				
								2	8
3			4						
5						6			9

〈가로 문제〉

1. 하늘을 달린다는 말을 그린 그림
2. 사람이 말 등에 편안한 상태로 앉아 안정적으로 말을 탈 수 있도록 말 등에 얹는 말갖춤
3. 천마도가 그려진 판은 이것의 껍질을 여러 겹으로 겹친 뒤 14줄의 사선으로 누비고, 가장자리에 가죽을 대어 만들었습니다.
4. 신라 시대에 그려진 천마도의 천마와 테두리 무늬는 이 무덤의 벽화 무늬와 같은 양식으로 신라회화가 고구려의 영향을 받았음을 알 수 있습니다.
5. 천마총에서 출토된 금으로 된 허리띠
6. 현재까지 전해지는 가장 오래된 역사서로 고구려, 백제, 신라의 역사를 기록한 책의 이름입니다. '삼국유사'와 비교하는 경우가 많습니다.

〈세로 문제〉

1. 예전 이름은 황남동 고분 155호분이었으나, 천마도가 출토된 후 이것으로 이름이 바뀐 신라 왕릉
5. 이것은 왕이 평상시 또는 행사가 있을 때 머리 위에 썼던 장식이라는 설도 있고, 아니면 장례를 위해 준비된 장례 물품이라는 설도 있습니다. 천마총에서 출토된 '이것'은 국내에서 발견된 '이것' 가운데 가장 화려하다는 평가를 받기도 합니다.
7. 천마도의 가장자리에 이어진 무늬
8. 말의 양쪽 배를 가리는 가리개로 말을 탄 사람의 옷에 흙이 튀지 않도록 말의 안장에 매달아 늘어뜨리는 말갖춤
9. 상상 속의 동물로, 천마도의 동물이 천마가 아니라 이 동물이라는 주장도 있습니다.

황금의 나라 신라

19. 천마총 금관

천마총 금관(32.5cm, 5세기 신라 시대)

이 금관은 천마총에서 출토된 전형적인 신라 금관으로 머리 위에 두르는 넓은 띠의 앞면 위에는 山자형 모양 장식이 3줄로, 뒷면에는 사슴뿔 모양 장식이 2줄로 있는 형태입니다. 山자형은 4단을 이루며 끝은 모두 꽃봉오리 모양으로 되어 있습니다. 금관 전체에 원형 금판과 곡옥을 달아 장식하였고, 금실을 꼬아 늘어뜨리고 금판 장식을 촘촘히 연결하기도 했습니다. 밑으로는 나뭇잎 모양의 늘어진 드리개 2가닥이 달려있습니다.

금관은 화려하고 독창적인 형태의 걸작으로 신라의 정교한 황금 세공 기술을 보여주는 유물입니다.

신라 금관의 의미는 무엇일까요?

이 금관은 묻힌 사람이 쓴 채로 발견되었습니다. 무게는 약 1kg에 1mm도 안 되는 얇은 두께 위에 무수히 많은 장식이 달려 있어서 잘 휩니다. 그래서 평소에 사용하기 어려웠고 장례용으로 제작한 것이 아닌지 생각되기도 합니다.

천마총은 황남대총을 발굴하기 전 경험을 쌓기 위해 시험 삼아 발굴했는데 도굴의 피해를 입지 않았던 무덤으로, 이곳에서만 11,500여 점의 어마어마한 유물이 쏟아져 나왔어요.

천마총 금관 발굴 당시를 기록한 사진

장식의 의미는 여러 가지 설이 있습니다. 그중 하나를 소개하면, 나무가 하늘로 통하는 길이고 사슴이 하늘로 인도하는 정령이라고 믿어서 하늘을 향해 있는 날 출(出) 자 한자의 나무 모양과 사슴뿔 같은 장식을 한 것이라는 의견입니다. 또한, 곡옥은 태아의 모습을 닮아 생명을 상징하기도 하고, 달개 장식은 나뭇잎 또는 신성한 나무가 빛나는 모습을 형상화했다고도 합니다.

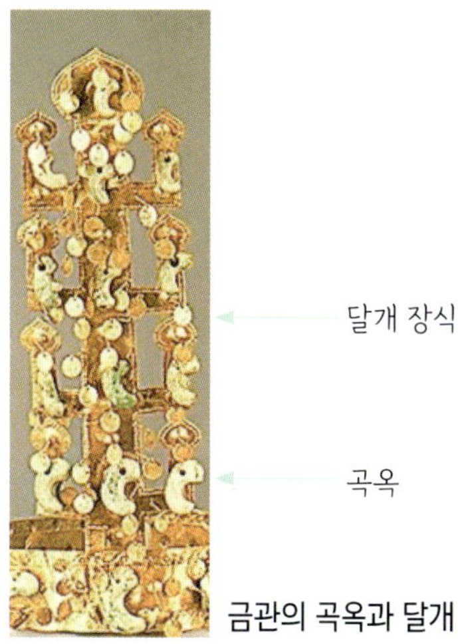

금관의 곡옥과 달개 장식

천마총에서 발견된 금제 허리띠

천마총 금제 허리띠
(길이 109cm, 장식 길이54.4cm)

왼쪽 허리띠 띠드리개 장식 중 손칼, 질병을 다스리는 약병 또는 향수병, 풍요와 불사(不死)를 상징하는 물고기 무늬 사진 일부 확대

수업? 재미 up! 흥미 up!

핵심 쏙쏙

▣ 신라 금관은 어떤 계층의 무덤에서 발견될까요?

▷ 왕과 왕비, 지방의 수장(귀족)

▣ 금관의 여러 가지 장식과 금 허리띠의 띠드리개 장식을 잘 살펴봅시다. 이 장식들의 의미는 무엇일까요?

▷ 금관: 나무(하늘로 통하는 길), 사슴(하늘로 인도하는 정령), 곡옥(생명), 달개 장식(나뭇잎, 나무가 빛나는 모습)

▷ 띠드리개: 물고기(풍요와 불사), 약병 또는 향수병(질병을 다스림)

▣ 금관은 왕이 살아있을 때 평상시 또는 행사가 있을 때 사용했을까요? 아니면 장례를 위해 준비된 장례물품일까요? 정답은 없지만 여러분의 생각을 그 이유와 함께 말하며 다른 친구를 설득해 봅시다.

▷ 평상시 또는 행사 있을 때: 왕의 권위를 나타낼 수 있는 물건이 필요했을 것 같고, 실로 모자 같은 곳에 살짝 고정시키면 평상시에 매일 사용은 어렵더라도 아주 특별한 행사(즉위, 제사 등)가 있었을 때는 사용할 수 있었을 것 같습니다.

▷ 장례물품: 너무 무겁고, 잘 휘어서 실제로 쓰기 어려웠을 것 같고, 발견 당시 얼굴을 뒤덮고 있는 경우도 있었다고 합니다.

흥미 솔솔

▣ 신라 시대의 다양한 금관

기본적인 형태와 장식은 유사하지만, 날 출(出) 자 모양이 3단에서 4단으로 변하기도 하고, 곡옥도 있다가 없어지기도 합니다.

황남대총북분금관
27.5cm

금관총금관
27.7cm

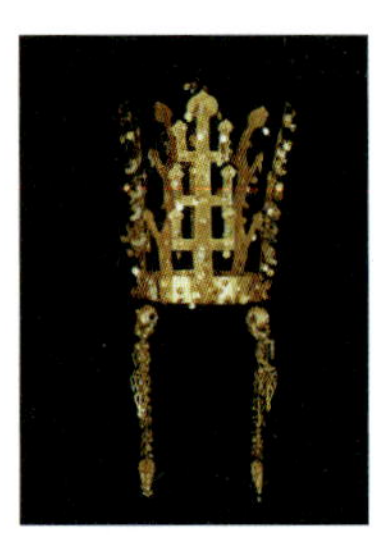

서봉총금관
30.7cm

금령총금관
27.0cm

황금의 나라 신라, 천마총 금관

1. 천마총 금관과 금제 허리띠 문양은 어떤 의미일까요? 어떤 마음으로 장식을 했을지 생각하며 <보기>를 보고 빈칸을 채워 봅시다.

<보기>

생명, 하늘, 질병, 물고기

금관 장식의 의미는 여러 가지 설이 있는데, 나무가 (❶)로 통하는 길, 사슴이 (❶)로 인도하는 정령이라고 믿어서 (❶)을 향해 있는 날 출(出) 자 한자의 나무 모양과 사슴뿔 같은 장식을 한 것이라는 의견도 있습니다.

곡옥은 태아의 모습을 닮아 (❷)을 상징하기도 하고, 달개 장식은 나뭇잎 또는 신성한 나무가 빛나는 모습을 형상화했다고도 합니다.

허리띠 띠드리개의 (❸)는 풍요와 불사를 약병 또는 향수병 모양은 (❹)을 다스린다고도 합니다.

2. 내가 현대적인 금관 디자이너가 된다면 어떤 장식을 넣고 싶은가요? 장식이나 문양을 그려보고, 그 의미도 설명해 봅시다.

내가 디자인한 금관	장식이나 문양의 의미

안식을 바라는 마음

20. 기마인물형 토기

기마인물형 토기 주인상(왼쪽)(흙, 높이 23.4cm, 길이 29.4cm, 신라 시대)
하인상(오른쪽)(흙, 높이 21.3cm, 길이 26.8cm, 신라 시대)

기마인물형 토기는 말을 탄 사람의 모습을 한 상형토기로 신라 시대의 유물입니다. 상형토기란 사람, 동물, 물건의 모양을 본떠 흙으로 빚은 그릇을 말합니다. 기마인물형 토기의 옷과 말 장식을 통해 신라의 뛰어난 토기 제작 기술과 당시의 생활 모습을 알 수 있습니다.

말 등 위에는 액체를 넣을 수 있는 깔때기 모양의 구멍이 있고, 말 가슴에는 액체를 따를 수 있는 대롱이 있습니다. 과학적인 촬영기술을 통해 토기 내부를 본 결과 안쪽에 액체가 담길 만한 공간이 발견되었습니다. 이를 통해 이 토기에 주전자 기능도 있음을 알 수 있습니다.

어떤 토기의 사람이
더 높은 신분인 것
같나요?

오른쪽 토기의 사람이 신분이 더 높은 것
같습니다. 옷이 더 화려합니다. 말도 더
화려하게 장식되어 있습니다.

죽은 이후의 세계가 있다고 믿은 신라 사람

기마인물형 토기는 금령총에서 발견되었습니다. 금령총은 신라 어린 왕족의 무덤입니다. 금령총에서는 배 모양 토기 두 점, 등잔 모양 토기도 함께 발견되었습니다. 신라 사람들은 죽은 이후에도 삶이 이어진다고 생각했습니다. 그래서 무덤에 여러 가지 필요한 물건들과 함께 토기를 묻었습니다. 어린 왕족의 영혼이 말과 배를 타고 편안하게 저승으로 가서 잘 살기를 바라는 마음을 담아 무덤에 토기를 같이 묻은 것으로 추측할 수 있습니다.

신라의 신분 구조를 알 수 있는 유물

기마인물형 토기 두 점의 차이를 통해 신라의 신분 구조를 알 수 있습니다. 두 점의 토기는 서로 크기, 옷차림과 말 장식에서 차이가 있습니다. 각각 주인상, 하인상으로 불립니다. 우선 주인상이 하인상보다 조금 더 큽니다. 그리고 주인상의 사람이 화려하게 장식되어 있는 옷을 입고 모자를 쓴 반면, 하인상의 사람은 소박한 옷을 입고 상투머리에 수건을 동여맸습니다. 주인상의 말은 방울이 달려 있고 머리에 장식이 있으며 발걸이도 있지만, 하인상의 말은 그렇지 않습니다. 신라 사회에는 신분에 따른 차이가 있었음을 알 수 있습니다.

수업? 재미 up! 흥미 up!

핵심 쏙쏙

▣ 기마인물형 토기는 어디에서 발견되었나요?

▷ 신라 시대 무덤인 금령총에서 발견되었습니다.

▣ 기마인물형 토기 2개는 어떤 차이점이 있나요?

▷ 사람이 입고 있는 옷과 모자 장식이 다릅니다. 한 토기의 사람은 화려한 옷차림인 반면, 한 토기의 사람의 옷차림은 소박합니다.

▷ 말의 장식도 다릅니다. 한 토기의 말이 더 화려하게 장식되어 있습니다.

▷ 크기가 다릅니다.

▣ 왜 무덤에 기마인물형 토기를 묻었을까요?

▷ 신라 사람들은 죽은 뒤의 세계가 있다고 믿었기 때문입니다.

▷ 저승에 가서 필요한 물건을 묻었습니다.

▷ 돌아가신 영혼이 말을 타고 저승에 편안하게 가기를 바라는 마음에서 묻었습니다.

흥미 솔솔

▣ **함께 보면 좋은 유물**

기마인물형 토기가 발견된 금령총에서 발견된 유물입니다.

금령총 금관(높이 27cm, 지름 15cm, 신라 시대)

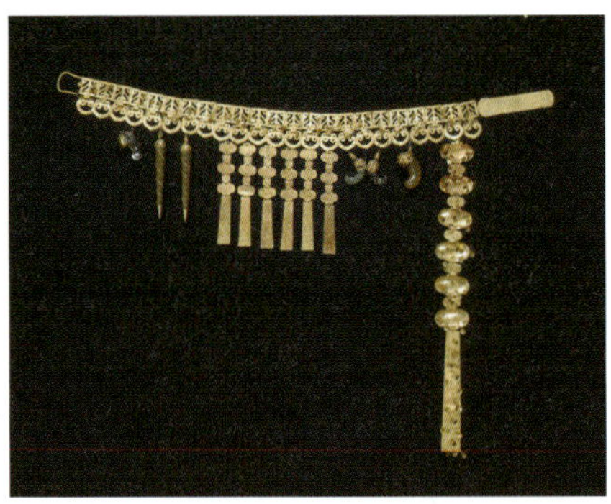

금령총 출토 금제 허리띠 (신라 시대)

▣ **함께 보면 좋은 영상**

조각상인 줄 알았던 신라 시대 토기의 정체는?(5분 6초)

안식을 바라는 마음, 기마인물형 토기

1. 기마인물형 토기에 대한 알맞은 설명을 <보기>의 낱말을 활용하여 완성해 봅시다.

<보기>
금령총, 주인상, 주전자, 저승

① 기마인물형 토기는 신라 어린 왕족의 무덤인 　　　　 에서 발견되었습니다.

② 신라 사람들은 영혼이 　　　　 까지 편안하게 가기를 바라는 마음에서 토기를 만들어 무덤에 묻었습니다.

③ 기마인물형 토기는 　　　　 과 하인상이 있습니다.

④ 기마인물형 토기에는 액체를 담는 구멍, 따를 수 있는 대롱이 있습니다. 　　　　 의 기능도 할 수 있습니다.

2. 기마인물형 토기를 자세히 관찰하세요. <보기>에 나와있는 낱말을 활용하여 주인상과 하인상의 특징을 비교하여 쓰세요.

<보기>
크기, 신분, 장식, 방울, 모자,
상투, 소박(한), 화려(한)

토기에 담긴 예술

21. 토우장식 장경호

토우장식 장경호(길이 30.4cm, 입지름 22.4cm, 신라 시대)

토우장식 장경호는 목이 긴 형태를 가진 항아리로 목과 어깨 부분에 여러 가지 모양의 토우로 장식한 것이 특징입니다.

신라 시대에는 흙으로 만든 인형인 토우가 많이 만들어졌습니다. 사람들의 생활 모습을 표현한 토우뿐만 아니라 하늘, 바다, 땅에서 볼 수 있는 다양한 동물들을 형상화한 토우도 많이 발견됩니다.

이 장경호의 목 부분에 장식된 토우는 악기를 연주하는 사람, 새, 개구리, 뱀 등 주변에서 쉽게 볼 수 있는 모습들을 담고 있습니다. 사람과 동물들을 모방하여 표현한 이 토우들을 통해 신라 사람들의 생활상과 예술성을 엿볼 수 있습니다.

장경호를 장식한 흥미로운 토우장식들

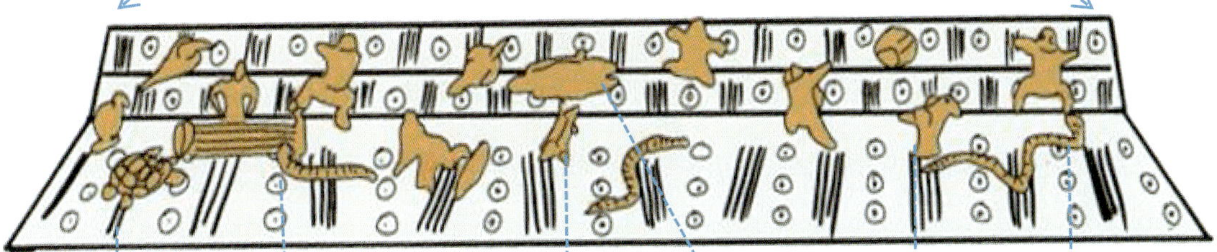

<거북이 혹은 자라>

<토끼나 여우로 보이는 육상동물>

<물고기>

<현악기를 연주하는 여자 >

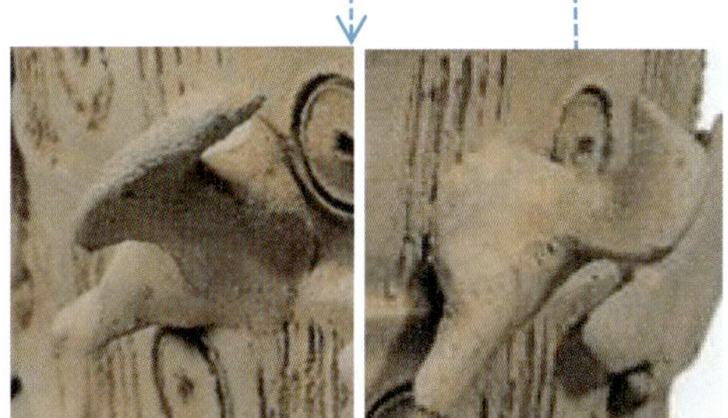

<새>

개구리와 뱀
모양의 토우에는
어떤 의미가 있을지 당시
신라인들의 마음을
상상해 보세요.

<개구리의 뒷다리를
물고 있는 뱀 >

수업? 재미 up! 흥미 up!

핵심 쏙쏙

▣ 토우장식 장경호가 다른 항아리들과 다른 특징은 무엇입니까?

▷ 항아리 목 부분에 토우장식이 있습니다.

▣ 장경호 위에 있는 토우장식은 어떤 모양이 있습니까?

▷ 가야금을 타는 사람, 개구리 뒷다리를 물고 있는 뱀, 새, 물고기 등이 있습니다.

▣ 신라인들은 그릇에 왜 이런 토우장식을 했을까요?

▷ 아름답게 보이게 하기 위해서 했을 것 같습니다.

▷ 바람이나 희망과 같은 의미를 담았을 것 같습니다.

▣ 토우장식을 보고 알게 된 것, 인상적인 점을 이야기해 봅시다.

▷ 저는 뱀이 개구리 뒷다리를 물고 있는 것이 재미있습니다.

▷ 악기를 연주하는 여자 토우를 보니 신라 시대에도 가야금처럼 생긴 악기를 연주했다는 것을 알 수 있었습니다.

흥미 솔솔

▣ 신라인들의 토우 사랑

신라 시대에 토기를 정교하게 만드는 뛰어난 기술이 있었음에도 불구하고 익살스럽고 간단하게 만들어진 토우들이 발견됩니다.

얼굴에 재미있는 표정을 지은 사람 형상의 토우와 개, 여우, 새 등 주변에서 쉽게 볼 수 있는 동물, 원숭이처럼 흔히 볼 수 없는 이색적인 동물의 형상을 한 토우도 발견되고 있습니다.

신라인들은 토우에 어떤 의미를 담아 만들었을까요?

토기에 담긴 예술, 토우장식 장경호

1. 신라 시대의 토우장식 장경호에 관한 설명입니다. 빈칸에 알맞은 말을 쓰세요.

<보기>
악기, 뱀, 목, 항아리, 토우, 개구리

토우장식 장경호는 (   )이 긴 형태를 가진 (   )로 목과 어깨 부분에 여러 가지 모양의 (   )로 장식한 것이 그 특징입니다. 이 장경호의 목 부분에 장식된 토우는 (   )을 연주하는 사람, (   )의 다리를 물고 있는 (   ) 등 주변에서 볼 수 있는 모습들을 표현하였습니다.

2. 항아리에 장식된 토우들을 보고 어떤 동물일지 맞춰보세요.

토우장식	동물	토우장식	동물

영토 확장을 기념한

22. 진흥왕 순수비

진흥왕 순수비(화강암, 높이 약 155.1cm, 폭 약 71.5cm, 두께 약 16.6cm, 555년경 신라 시대)

북한산 신라 진흥왕 순수비는 진흥왕이 새로 확보한 영토를 돌아보며, 여러 곳에 세운 순수비 중 하나입니다. 화강암으로 만들어진 이 비는 555년 무렵, 지금의 서울 종로구 구기동 북한산 비봉 정상에 세워졌습니다. 한강 유역을 차지한 진흥왕이 그 지역을 방문해 자신의 영토임을 기념하기 위하여 세운 비입니다.

진흥왕 순수비에 '추사 김정희'가 글씨를 썼다고?

이 비는 '무학대사의 비' 혹은 글자가 없는 '몰자비'로 잘못 알려져 왔습니다.

조선 후기 서유구가 10여 자를 판독하여 진흥왕 순수비라 이름 지었고, 1816년 여름 김정희가 친구 김경연과 함께 북한산 비봉에 찾아와 이끼로 뒤덮힌 비면을 닦아 내고 판독함으로써 진흥왕 순수비로 확정하였습니다.

이듬해 여름에 조인영과 함께 다시 찾아가서 비문 68자를 판독했으며, 그 사실을 비 측면에 새겨 놓았습니다.

진흥왕 순수비 측면
(김정희가 새긴 글자를 볼 수 있다)

북한산 비봉에 있던 비석을 보존하기 위해 경복궁으로 옮겼다가 1970년부터 국립중앙박물관에서 소장하고 있습니다.

현재 남아있는 진흥왕 순수비는 북한산 순수비, 창녕비, 황초령비, 마운령비로 총 4개이며, 모두 진흥왕이 확장한 영토, 곧 당시 신라의 국경을 표시하였습니다.

신라 진흥왕 순수비가 있던
북한산 비봉 원위치

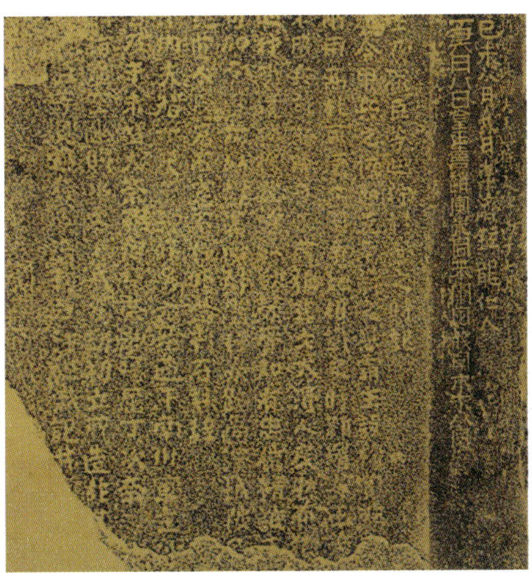

북한산 신라 진흥왕 순수비 탁본

신라 최대영토와 진흥왕 순수비 분포지도

수업? 재미 up! 흥미 up!

핵심 쏙쏙

▣ 순수비는 어느 시대, 어느 왕이 세웠나요?

▷ 신라 시대 진흥왕

▣ 순수비를 세운 목적은 무엇인가요?

▷ 새로 차지한 영토를 방문해 자신의 영토임을 기념하기 위하여 세웠습니다.

▣ 진흥왕 순수비는 몇 개가 있을까요?

▷ 총 4개

▣ 순수비에는 어떤 내용이 적혀 있을까요?

▷ 제목, 순수의 배경, 왕을 수행한 사람 등을 기록하였습니다.

▣ 북한산 진흥왕 순수비의 역사적 의미는 무엇인가요?

▷ 신라가 한강 유역까지 진출했다는 사실을 비석이 증명하고 있습니다.
진흥왕 대의 지방 및 군사제도를 파악하는 중요한 자료가 되기도 합니다.

흥미 솔솔

▣ 현존하는 진흥왕 순수비

현재 남아있는 진흥왕 순수비는 북한산 순수비를 포함하여 총 4개입니다.

진흥왕 순수비

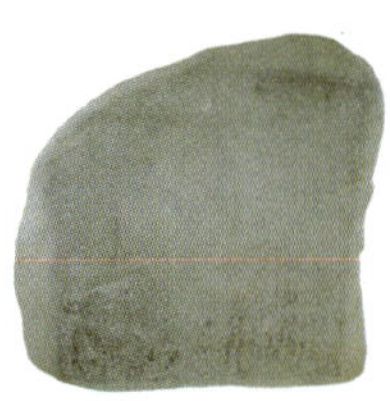
창녕비(진흥왕 척경비)

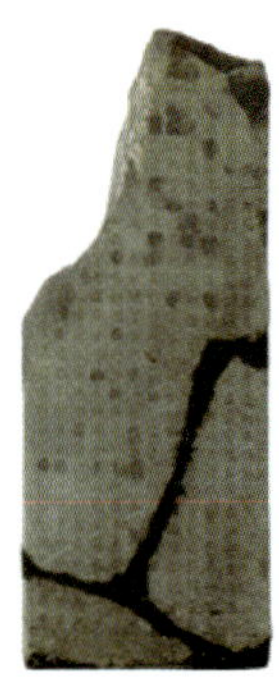
황초령비

마운령비

영토 확장을 기념한, 진흥왕 순수비

1. 북한산 진흥왕 순수비에 대한 내용입니다. 내용이 맞으면 파란색 길을 따라가고, 틀리면 빨간색 길을 따라가며 도착지까지 찾아가세요.
(*힌트: 옛날 비석의 글씨를 읽는 순서대로 따라가면 도착지까지 갈 수 있어요)

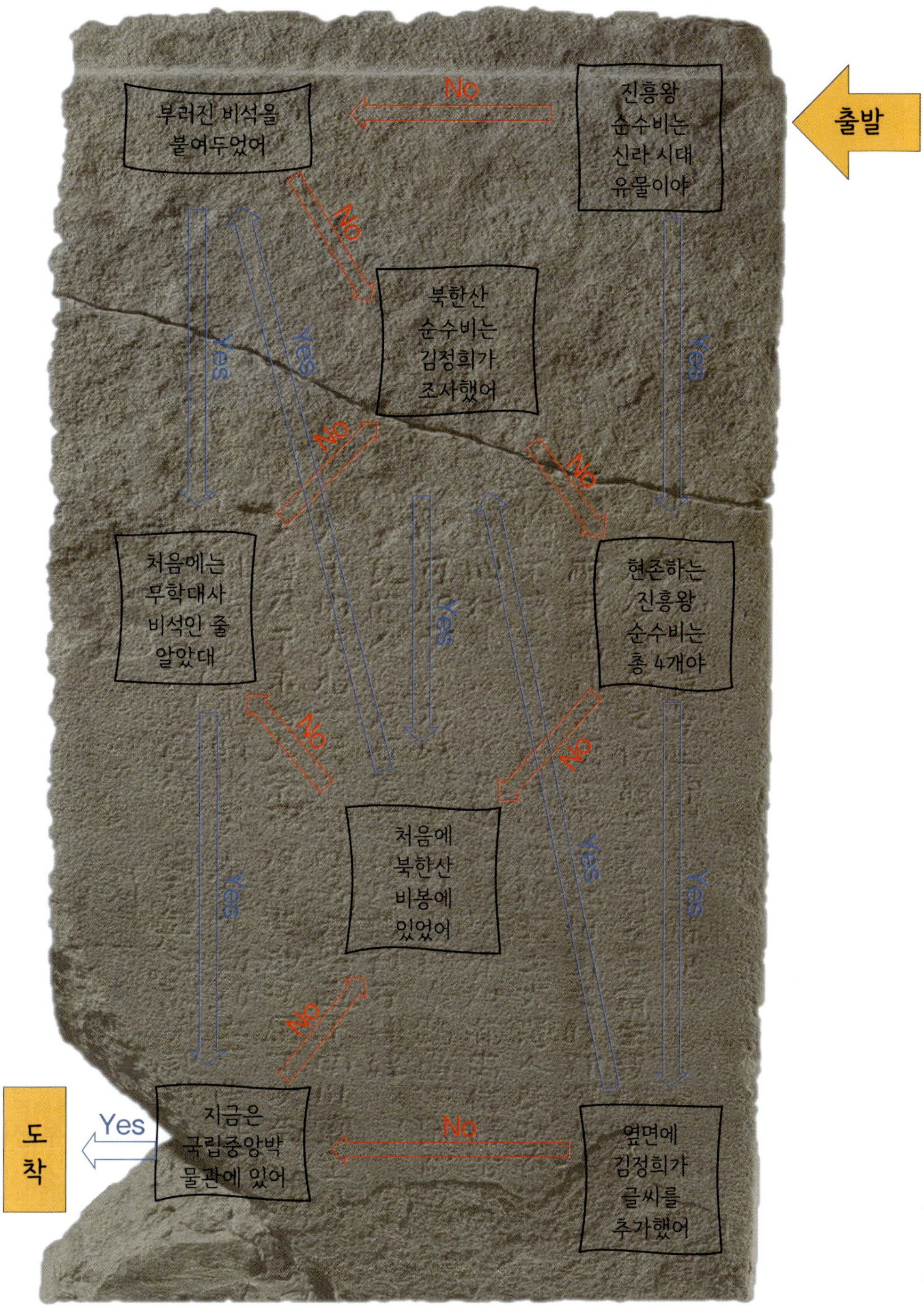

신라 시대 천문관측소

23. 첨성대

첨성대(석조 건축물, 높이 약 9m, 632~647에 건립된 것으로 추측됨, 신라 시대)

첨성대는 천체의 움직임을 관찰하던 신라 시대의 천문관측대로 신라 선덕여왕 때 건립된 것으로 추측되며, 동양에서 가장 오래된 천문대로 그 가치가 높습니다.

첨성대의 받침대 역할을 하는 기단부 위에 위로 갈수록 좁아지는 원통형 모양의 몸통부를 올리고, 맨 위에 우물 정(井) 자형의 정상부를 얹은 모습입니다. 원통부는 부채꼴 모양의 돌로 27단을 쌓아 올렸으며, 매끄럽게 잘 다듬어진 외부에 비해 내부는 돌의 뒤뿌리가 나와 벽면이 고르지 않습니다.

남쪽으로 난 창을 중심으로 첨성대 내부의 아래쪽은 흙과 자갈로 채워져 있고, 위쪽은 정상까지 뚫려서 속이 비어 있습니다. 바깥쪽에서 사다리를 놓고 창을 통해 안으로 들어간 후 내부에서도 사다리를 이용해 꼭대기까지 올라가 하늘을 관찰했던 것으로 보입니다.

첨성대의 각 부분들

천문학은 하늘의 움직임에 따라 농사 시기를 결정할 수 있다는 점에서 농업과 깊은 관계가 있으며 일찍부터 국가의 큰 관심사였기 때문에 첨성대 건립의 좋은 배경이 되었을 것으로 여겨집니다. 첨성대를 만든 이후, 천문 관측기록이 많이 증가했습니다.

고대의 기록들을 살펴보면 삼국 시대에 우리나라 전역에서 지진이 발생했고, 강도 7 이상인 지진이 신라 지역에 집중적으로 분포했습니다. 첨성대의 문이 있는 12단까지는 흙과 자갈을 다져 넣어 벽이 단단하게 견딜 수 있게 하였고, 윗부분에 삐죽이 나온 비녀석과 상단의 정자석은 둥근 구조의 첨성대를 잡아주어 견고함을 더했습니다. 그래서 지진에 큰 영향을 받지 않는 흔들림에 강한 구조를 만들어준 것 같습니다.

이것은 오랜 세월을 지나 지금까지 그 모습을 유지할 수 있었던 신라인들의 놀라운 건축과학 기술이라고 볼 수 있습니다.

수업? 재미 up! 흥미 up!

핵심 쏙쏙

▣ 첨성대는 어떤 건물인가요?

▷ 천체의 움직임을 관찰하던 천문관측대로 여겨집니다.

▷ 또 다른 가설로는 하늘에 제사를 지내던 제단이라는 설도 있습니다.

▣ 첨성대는 어느 왕 때, 어디에 만들었나요?

▷ 신라 선덕여왕, 경주

▣ 첨성대는 왜 만들었을까요?

▷ 옛날 사람들은 하늘의 움직임에 따라 농사 시기를 결정했기 때문에 하늘을 연구하는 천문은 당시 중요한 학문이었습니다.

▣ 첨성대는 어떤 가치를 가지고 있나요?

▷ 당시의 높은 과학 수준을 보여주는 귀중한 문화재라 할 수 있습니다.

▷ 동양에서 가장 오래된 천문대입니다.

흥미 솔솔

▣ 첨성대 숫자의 비밀

첨성대 몸통의 27단은 27대 선덕여왕을, 창문을 기준으로 위 아래 각 12단은 일 년의 열두 달과 합하면 24절기를, 상하부 기단을 모두 합한 단은 양력 한 달을, 첨성대를 짓는 데 사용된 360여 개의 돌은 1년을 의미한다고 합니다.

물론 기록은 없어서 추측할 뿐이지만, 이러한 완벽한 숫자들의 조합은 과연 우연일까요?

▣ 함께 보면 좋은 영상

첨성대 1400년의 증언(13분 34초)

2015 이야기 문화유산 / 국가유산채널

신라 시대 천문관측소, 첨성대

1. 첨성대를 보고 물음에 답해보세요.

1. 우물 정(井)자 모양의 상단부는 각 면이 어떤 방향을 가리키고 있나요?
   (동 , , ,)

2. 가운데 창문을 기준으로 위와 아래는 각각 몇 단인지 세어 봅시다.
   (위: 12 단, 아래: 단)

3. 창문 위쪽 19단 쪽에 삐죽 튀어나온 돌이 있습니다. 돌의 이름은 무엇일까요?
   (ㅂ ㄴ ㅅ)

4. 첨성대는 어느 왕 때 만들어진 건축물일까요?
   ( )

2. 첨성대에서 어떻게 별과 달을 관측했을지 상상해서 써 봅시다.

신라 불교 예술의 정수

24. 석굴암

석굴암 본존불(화강암, 높이 2.72m, 통일신라 시대)

석굴암은 신라 경덕왕 때 김대성이 세운 건축물로, 1995년에 불국사와 함께 유네스코 세계유산으로 등재되었습니다. 경주 토함산 중턱에 돌을 쌓아 석굴을 만들고 내부 공간을 하나의 절처럼 꾸몄습니다.

석굴암의 공간은 크게 세 부분으로 나눌 수 있습니다. 첫 번째는 입구이자 땅의 영역을 의미하는 사각형의 '전실', 두 번째는 법당에 해당하며 하늘을 의미하는 둥근 형태의 '주실', 세 번째는 이 두 방을 연결하는 복도인 '비도'입니다. 주실 중앙에는 본존불이 있으며 그 주위 벽면에 총 40구의 불상을 조각했으나 현재는 38구만 남아있습니다.

석굴암 본존불은 종교적 의미뿐만 아니라 예술적인 측면에서도 매우 뛰어난 작품입니다. 단단한 화강암이라고 믿기 어려울 정도로 부드럽게 조각된 얼굴, 자연스럽게 늘어진 옷자락, 아름다운 몸의 비율을 섬세하게 표현했습니다.

석굴암은 한국 고대 불교 예술의 정수를 보여주는 작품으로 신라인들의 불교에 대한 열정과 예술혼을 느낄 수 있습니다.

석굴암에 담긴 신라의 우수한 건축기술

돔 형식의 구조

본존불이 있는 주실은 원형의 석실과 그 위로 반원 형태의 천장이 있는 돔의 구조를 가지고 있습니다. 천장을 받치기 위해 돌 사이에 쐐기돌을 배치하였습니다. 이 쐐기돌은 지렛대의 역할을 하여 천장이 내부로 무너지지 않도록 균형을 잡아주는 중요한 역할을 합니다.

돔 구조의 천장과 쐐기돌

자연적으로 습기를 조절하는 설계

석굴암이 위치한 토함산은 안개가 많은 지역인 데다 바깥보다 온도가 낮은 굴 속에는 습기가 차기 마련이었습니다.

이 문제를 해결하기 위해 석굴암 바닥에 차가운 지하수를 흐르게 하여 습기가 바닥으로 모여 자연스럽게 흘러나가도록 하였습니다. 또한 지붕 외벽에는 자갈층이 설치되어 통풍과 제습 역할을 했습니다. 외부의 습하고 더운 공기가 자갈층을 통과하며 수증기는 자갈에 흡수되고, 차갑고 건조한 공기가 석굴암 내부로 들어와 쾌적한 상태를 유지할 수 있었습니다.

본존불 주위의 불상들

정면에서 바라본 본존불

참배자의 시각에 맞춘 구도

전실에서 눈높이가 160cm인 사람이 바라볼 때, 부처님의 얼굴 뒤에 있는 광배가 원형으로 보이도록 배치되었습니다. 이 배치는 참배자가 부처님의 얼굴을 바라보는 시점에서 경건하고 신성하게 느껴지도록 설계된 것입니다.

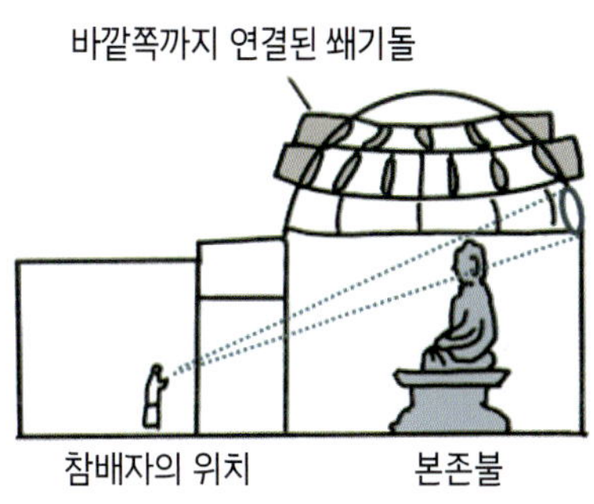

석굴암을 옆에서 본 모습

수업? 재미 up! 흥미 up!

핵심 쏙쏙

▣ 토함산에 있는 인공 석굴로 불교 예술의 정수를 보여주는 신라 불교 건축물은 무엇인가요?

▷ 석굴암입니다.

▣ 신라인들이 석굴암의 습기를 조절하기 위해 사용했던 방법은 무엇인가요?

▷ 석굴암 바닥으로 차가운 지하수가 흐르게 하여 습기가 바닥으로 떨어져 밖으로 흘러나가도록 했습니다.

▷ 지붕 위의 자갈층도 습기를 흡수하고 온도를 낮추는 역할을 했습니다.

▣ 석굴암 내부에는 어떤 것들이 있나요?

▷ 한가운데에는 본존불이 놓여 있고, 석실 벽면에는 불상의 조각이 새겨져 있습니다.

▣ 석굴암으로 알 수 있는 점은 무엇인가요?

▷ 신라에서 불교의 위상이 매우 높았음을 알 수 있습니다.

▷ 신라인들의 불교에 대한 열정과 예술혼을 느낄 수 있습니다.

흥미 술술

▣ 일제강점기에 훼손된 석굴암

일제는 석굴암을 보수한다는 이유로 석굴암 외벽에 시멘트를 바르고, 내부에 흐르는 지하수를 막았습니다. 그러자 오히려 습기가 마르지 않아 석굴암 내부에 곰팡이와 이끼가 꼈고, 이를 제거하는 과정에서 불상들이 훼손되었습니다. 현재까지도 자연적으로 습도를 조절했던 방식을 복구하지 못하고, 유리 벽 안에 보존한 채 에어컨과 온풍기 등으로 습도를 조절하고 있습니다.

▣ 함께 보면 좋은 영상

현대에서도 깜짝 놀라는 석굴암과 불국사의 과학(6분 52초)

신라 불교 예술의 정수, 석굴암

1. 석굴암을 통해 신라인들의 불교를 향한 열정과 예술혼을 느낄 수 있습니다. 보기를 보고 알맞은 말을 써 넣으세요.

<보기>
비파형, 한국식, 거푸집, 지배층

① 석굴암은 경주의 　　　　에 있는 신라 불교예술문화의 우수함을 보여주는 건축물입니다.

② 석굴암 주실의 한가운데에는 　　　　이 놓여있습니다.

③ 석굴암에는 내부의 습기가 떨어져 바깥으로 흘러나가도록 바닥에 　　　　가 흐르게 했습니다.

④ 석굴암의 천장은 반원 형태의 　　　　구조를 가지고 있으며 무너지지 않도록 쐐기돌을 배치했습니다.

2. 우리 문화유산의 우수함을 알리기 위해 해외에서도 우리 문화재 전시회를 하고 있습니다. 직접 옮길 수 없는 문화재는 디지털 기술을 활용하여 동영상이나 VR로 관람할 수 있습니다. 디지털 전시회에 오는 외국인 친구에게 석굴암을 소개하는 글을 써 봅시다.

속세와 부처의 세계를 잇는

25. 불국사 청운교와 백운교

불국사 청운교와 백운교(통일신라 시대)

통일신라 시대 때 세워진 불국사에는 대웅전에 오르는 동쪽의 청운교와 백운교, 극락전에 오르는 서쪽의 연화교와 칠보교가 있습니다. 청운교와 백운교는 대웅전을 향하는 자하문과 이어져 있습니다. 불교 경전에 따르면, 부처님이 사는 나라로 가기 위해서는 물을 건너고 구름을 넘어야 한다고 합니다. 청운교와 백운교 계단을 다리라고 말하는 이유는 속세와 부처의 세계를 이어주는 상징적인 의미 때문입니다.

청운교와 백운교는 두 개의 계단이 연결된 구조로 아래에 있는 백운교는 18개, 위쪽의 청운교는 16개, 전체 34개의 계단으로 되어 있습니다. 청운교는 푸른 청년의 모습, 백운교는 흰머리 노인의 모습으로 인생을 비유하기도 합니다.

불국사 청운교와 백운교는 당시의 다리 중 유일하게 완전한 형태로 남아있는 소중한 문화유산입니다. 또한 섬세한 돌조각과 무지개 모양의 구조는 그 시대의 뛰어난 건축 기술을 보여줍니다.

다리 모습을 자세히 살펴보기

백운교 아래 통로 모습

청운교와 백운교는 다리 형식으로 계단을 만든 구조입니다. 다리 아래 부분은 무지개 모양으로, 다리를 더욱 우아하고 생동감 있게 보여줍니다.

무지개 모양으로 만들어진
백운교 아래에 숨겨진
비밀을 찾아볼까요?

백운교 통로의 윗부분은 두 겹의 무지개 모양으로 되어 있습니다. 겉부분의 돌은 아래가 넓은 사다리꼴이고, 속부분의 돌은 아래가 좁은 역사다리꼴입니다. 이 독특한 구조 덕분에 힘이 분산되어 긴 시간 동안 무너지지 않고 견딜 수 있었습니다.

불국사를 세운 김대성 이야기

『삼국유사』에 쓰여 있는 김대성 이야기

김대성은 어릴 적, 스님에게 "시주하면 안락과 장수를 얻는다"는 말을 듣고 밭을 시주했습니다. 이후 세상을 떠난 김대성은 한 귀족 집에서 다시 태어났는데, 손에 "대성"이라는 글자가 쓰인 금 조각을 쥐고 태어났습니다. 효심이 깊었던 그는 전생의 어머니를 집으로 모셔와 함께 살았으며, 이번 생의 부모님을 위해 불국사를, 전생의 부모님을 위해 석굴암을 만들었습니다.

청운교와 백운교를 정면에서 바라본 모습

불국사에 있는 다보탑, 석가탑, 청운교와 백운교, 연화교와 칠보교 등의 유산은 당시 신라 사람들의 돌을 다루는 훌륭한 솜씨를 알 수 있게 해줍니다. 불국사는 여러 문화 유산과 그 당시 불교문화를 보여주는 가치를 인정받아 석굴암과 함께 유네스코 세계유산으로 등재되었습니다.

수업? 재미 up! 흥미 up!

핵심 쏙쏙

▣ 불국사 청운교와 대웅전은 어디로 오르는 계단인가요?

▷ 자하문을 지나 대웅전으로 가는 계단입니다.

▣ 경주 불국사 청운교와 백운교는 각각 몇 개의 계단으로 이루어져 있나요?

▷ 위쪽 청운교는 16개, 아래쪽 백운교는 18개로 전체 34개의 계단입니다.

▣ 청운교와 백운교 계단을 왜 다리라고 할까요?

▷ 우리가 사는 세상과 부처의 세상을 이어주는 의미로 다리라고 합니다.

▣ 아래쪽 백운교의 계단 아래는 어떤 모양으로 만들어졌나요? 이는 어떤 느낌을 주나요?

▷ 무지개 모양입니다. 아치 모양입니다.

▷ 우아하고 생동감 있게 보여줍니다 등

▣ 김대성의 이야기에 따르면 그는 왜 불국사와 석굴암을 세웠나요?

▷ 전생의 부모님과 이번 생의 부모님을 위해서 세웠습니다.

흥미 솔솔

▣ 연화교와 칠보교

청운교와 백운교의 서쪽에 있는 연화교와 칠보교는 극락전으로 가는 안양문과 연결되어 있는 다리입니다. 연화교와 칠보교 역시 두 부분으로 나뉘어 있는데 아래쪽은 10계단의 연화교, 위쪽은 8계단의 칠보교가 놓여 있습니다. 청운교와 백운교보다 조금 작을 뿐 모양과 특징은 비슷합니다.

연화교에는 연꽃 모양이 새겨져 있는데 오랜 시간이 지나면서 많이 닳아 지금은 계단을 올라갈 수 없도록 하였습니다. 신라 시대 불국사를 찾는 사람들은 이 다리를 건너며 좋은 세상으로 가기를 바랐다고 합니다.

불국사 연화교와 칠보교(통일신라 시대)

속세와 부처의 세계를 잇는, 불국사 청운교와 백운교

1. 청운교와 백운교에 대한 설명으로 맞으면 O, 틀리면 X를 표시하세요.

1) 청운교와 백운교는 안양문과 연결되어 있다. (　　　)

2) 청운교와 백운교는 우리가 사는 세상과 부처의 세계를 이어주는 다리를 상징한다. (　　　)

3) 청운교 계단 아래 부분은 무지개 모양이다. (　　　)

4) 김대성은 전생의 부모님과 이번 생의 부모님을 위해 석굴암과 불국사를 세웠다는 이야기가 전해진다. (　　　)

2. 오른쪽 설명을 보고, 가로세로 낱말 퀴즈를 풀어봅시다.

1							4
2					5		
					6		
				7			
		8				9	
3							

〈가로 문제〉

2. 불교 경전에 따르면 부처님이 사는 나라로 가기 위해 물을 건너고, 이 위로 가야 한다고 함.
3. 불국사는 신라의 이 왕 때 짓기 시작함.
6. 절에서 부처를 모시는 공간
8. 안양문과 연결된 다리

〈세로 문제〉

1. 석가탑 안에서 나온 세계에서 가장 오래된 목판인 쇄물
4. 안양문을 통과하면 아미타불을 모시는 이곳이 나옴.
5. 불국사와 석굴암을 세운 인물
7. 자하문과 연결된 다리
9. 불국사에 있는 두 탑 중 하나. 본 이름은 '다보여래상주증명탑'

함께 있어야 의미가 완성되는

26. 석가탑과 다보탑

석가탑(높이 10.75m, 통일신라 시대, 경주 불국사)

다보탑(높이 10.29m, 통일신라 시대, 경주 불국사)

석가탑과 다보탑은 우리나라의 가장 대표적인 석탑입니다. 불국사 절내의 대웅전과 자하문 사이의 마당에 마주 보고 서 있는데, 서쪽 탑이 석가탑, 동쪽 탑이 다보탑입니다.

석가탑의 본 이름은 '석가여래상주설법탑'으로 가르침을 전하는 부처를 상징합니다. 석가탑은 우리나라의 전통적인 석탑 양식을 따라 만들었으며, 2단의 기단위에 세운 3층탑이라는 것을 쉽게 알 수 있습니다. 다보탑은 다보 부처님을 상징하는 탑으로 다른 탑에서 볼 수 없는 독창적 형식이 돋보이며 각 부분의 조각 기법에 있어서도 마치 목조 구조물을 보는 듯 아름답습니다. 다보탑의 본 이름은 '다보여래상주증명탑'입니다.

두 탑을 같은 위치에 세운 이유는 '현재의 부처'인 석가여래가 설법하는 것을 '과거의 부처'인 다보불이 옆에서 옳다고 증명한다는 『법화경』의 내용을 눈으로 직접 볼 수 있게 탑으로 구현한 것이라고 합니다.

다보탑의 아름다움, 다보탑의 설움

다보탑은 십(十) 자 모양 평면의 기단 사방에 돌계단을 마련하였고, 8각형의 탑신과 그 주위로 네모난 난간을 돌렸습니다. 목조 건축의 복잡한 구조를 산만하지 않게 표현한 뛰어난 작품으로 4각형, 8각형, 원형이 한 탑에서 조화를 이룹니다. 또한, 각 부분의 길이·너비·두께를 일정하게 통일시켰습니다.

안타깝게도 다보탑에는 일제에 나라를 빼앗겼던 설움이 고스란히 전해져 옵니다. 1925년경에 일본인들이 탑을 완전히 해체하고 보수하였는데, 이에 관한 기록이 전혀 남아 있지 않습니다. 또한 탑 속에 두었을 사리와 사리장치, 그 밖의 유물들이 이 과정에서 모두 사라져버려 그 행방을 알 수 없게 되었습니다.

그리고 기단의 돌계단 위에 놓여있던 네 마리의 돌사자 가운데 세 마리가 일제에 의해 약탈되어 이를 되찾기 위해 노력했으나 아직까지 그 행방을 알 수가 없으며, 현재 1마리의 돌사자만 남아 있습니다.

탑의 층수 세는 방법?

탑의 층수는 집의 층수를 세는 것처럼 세면 되는데, 지붕이 있어야 1층이야. 석가탑은 지붕이 3개니까 3층 석탑이지.

석가탑을 보면 2단의 기단 위에 세운 3층탑이라는 것을 쉽게 알 수 있어요.

하지만 다보탑은 복잡한 구조 때문에 그 층수를 헤아리기가 어려워요!

다보탑 상단 4각형, 8각형, 원의 구성

1개만 남아있는 다보탑 돌사자상

석가탑 사리 장엄구와 무구정광대다라니경

1966년 보수 공사 도중 석가탑 안에서 사리 보관 도구와 세계에서 가장 오래된 목판 인쇄물인 무구정광대다라니경이 발견되어 화제가 되었습니다. 약 6m에 달하는 무구정광대다라니경은 두루마리 형태로 되어 있습니다.

수업? 재미 up! 흥미 up!

핵심 쏙쏙

▣ 탑의 층수는 지붕을 보면 알 수 있습니다. 석가탑은 몇 층인가요?

▷ 3층

▣ 다보탑은 몇 층인가요?

▷ 다보탑은 일반적인 석탑이 아니라 층수를 세기가 어렵다.

▷ 전문가들도 4층, 3층 또는 층수를 셀 수 없다고 한다.

▣ '석가탑'과 '다보탑'의 생김새를 비교(관찰)해 봅시다.

▷ 석가탑: 층의 구분이 확실하며 직선 표현이 많고, 위로 갈수록 좁아진다.

▷ 다보탑: 층의 구분이 불확실하며, 장식이 화려하다. 팔각형, 사각형, 원형이 조화롭다.

▣ '석가탑'과 '다보탑'을 보고 느낀 점을 말해봅시다.

▷ 석가탑: 간결하고 단순한 느낌, 단단해 보이고 강한 힘이 느껴진다.

▷ 다보탑: 계단, 사자상 등의 추가적인 구조물들과 여러 모양의 장식이 많다. 아름답고 화려하다.

▣ 사리장엄구와 '무구정광대다라니경'은 어느 탑에서 발견되었나요?

▷ 석가탑

흥미 솔솔

▣ 석가탑의 비밀-석가탑의 또 다른 이름이 '무영탑'이 된 이유는?

아사달은 백제 최고의 석공이었습니다. 그는 신라로 와서 석가탑을 만들고 있었는데 고향 백제에서 아내 아사녀는 남편을 몹시 그리워하다가 신라의 불국사를 찾아왔습니다. 아사녀는 불국사의 주지 스님을 찾아갔지만 탑의 완성에 지장을 줄까 염려한 스님은 "완성될 때까지 기다려 달라."는 얘기만 하고 아사달을 못 만나게 했습니다.

아사녀는 탑이 완성되면 완성된 탑의 그림자가 영지못의 물 위에 비칠 것이라는 말을 듣고, 날마다 영지못의 물만 들여다 보았습니다. 하지만 기다리던 석가탑의 그림자는 탑이 완공되었을 날이 한참이 지나도록 비추지를 않았고, 결국 크게 상심한 아사녀는 연못에 뛰어들어 죽고 말았습니다.

오랜 시간이 걸려 마침내 석가탑을 완성한 아사달은 아사녀가 와서 기다리고 있다는 말을 전해듣고 영지로 달려갔지만 그리운 아내는 이미 세상을 떠난 후였습니다. 그래서 석가탑이 무영탑(그림자가 비치지 않는 탑)이라는 별칭을 가지게 되었다고 합니다.

▣ 함께 보면 좋은 영상 석가탑의 비밀(2분 5초) / 국가유산포털

함께 있어야 의미가 완성되는, 석가탑과 다보탑

▣ 석가탑과 다보탑을 관찰하며 빈칸을 채워 봅시다.

<석가탑>

<다보탑>

탑의 층수는 몇 층일까요?		
탑이 안정감이 있어 보이나요? 그 이유를 함께 써 보세요.		
탑이 장식적으로 보이나요?		
두 탑의 차이점이 드러나도록 비교해서 써 보세요.		
어느 탑이 더 마음에 드나요? 그 이유는 무엇입니까?		

세계에서 가장 오래된 목판인쇄물

27. 무구정광대다라니경

무구정광대다라니경(한지, 너비 약 8cm, 길이 약 620cm, 8세기 중엽 통일신라 시대)

무구정광대다라니경은 현재까지 알려진 세계에서 가장 오래된 목판 인쇄물로 8세기 중엽에 간행되었습니다.

경주 불국사의 석가탑에서 발견되었으며 너비 약 8cm, 전체 길이 약 620cm 정도의 종이에 1행 8~9자의 다라니경문을 두루마리 형식으로 적어 놓았습니다. 이 불경이 봉안된 석가탑은 751년 불국사가 중창될 때 세워졌던 것으로 알려져 있어, 이 경은 그 무렵 간행된 것으로 인정됩니다. 또한 본문 가운데 중국 당나라 측천무후의 집권 당시만 썼던 글자들이 발견되어 간행 연대를 추정할 수 있게 해줍니다.

무구정광대다라니경이 약 1200년 동안 남아있을 수 있던 이유는 신라 시대의 우수한 한지 제작 기술 때문입니다.

무구정광대다라니경의 발견

1966년 9월, 도굴꾼들에 의해 불국사 석가탑이 손상되는 일이 있었습니다.

그해 12월 탑을 수리하면서 2층 탑신의 몸돌 앞면의 부처님 사리를 모시던 사각형의 공간에서 여러 가지 사리 용기들과 유물이 나왔는데, 그중에서 특히 눈길을 끄는 것이 무구정광대다라니경이었습니다.

무구정광대다라니경은 종이 뭉치의 형태로 발견되었고, 두루마리 형식으로 되어 있었습니다. 두루마리 안쪽은 상태가 비교적 좋았으나 바깥쪽 부분은 발견 당시 부식되고 산화되어 결실된 부분이 있어 1988년에서 1989년 사이에 전면적으로 수리 복원하였습니다.

석가탑 사리장엄구 발견 사진

무구정광대다라니경 발견 당시 모습

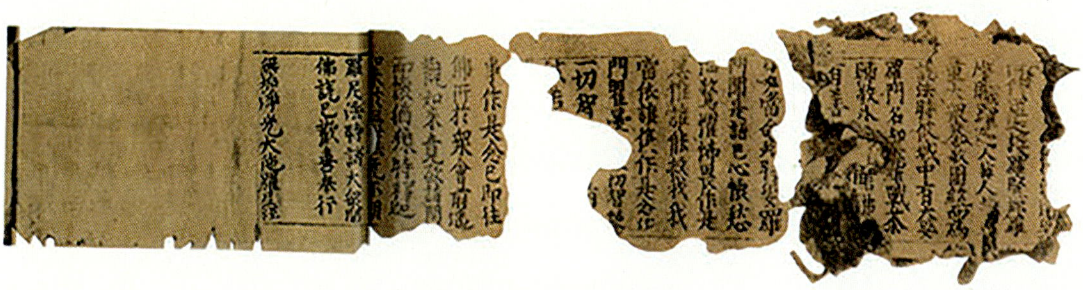

무구정광대다라니경(발견 당시, 일부)

무구정광대다라니경은 무슨 뜻이고, 왜 만들었을까요?

무구정광대다라니경은 세상의 때가 묻지 않고 깨끗한 빛이 나는 다라니경이라는 뜻을 가지고 있습니다. '다라니'는 주문*을 뜻하는 말인데 '맑고 깨끗하고 크게 될 수 있다'는 주문이라고 생각하면 됩니다. 다라니경은 원래 탑을 쌓은 다음 불경을 열심히 외우면 부처가 될 수 있다는 뜻에서 만든 기도문인데, 예부터 탑 속에 넣는 것이 풍습이었습니다. 그래서 다라니경을 석가탑 안에 넣었다고 합니다.

*주문: 종교 같은 분야에서 주술적인 작용을 실현하기 위하여 입으로 외는 글귀

수업? 재미 up! 흥미 up!

핵심 쏙쏙

▣ '다라니경'은 무엇인가요?

▷ 탑을 쌓은 다음 불경을 열심히 외우면 부처가 될 수 있다는 뜻에서 만든 기도문인데, 예부터 탑 속에 넣는 것이 풍습이었습니다.

▣ 무구정광대다라니경 이름은 무슨 뜻을 가지고 있나요?

▷ 세상의 때가 묻지 않고 깨끗한 빛이 나는 다라니경이라는 뜻을 가지고 있습니다.

▷ '맑고 깨끗하고 크게 될 수 있다'는 주문이라고 생각하면 됩니다.

▣ 무구정광대다라니경은 어디에서 발견되었나요?

▷ 석가탑 내부

▣ 무구정광대다라니경은 언제, 어떤 재료를 이용해서 만들어졌나요?

▷ 8세기 중엽, 한지 두루마리에 목판으로 인쇄했습니다.

▣ 무구정광대다라니경은 세계적으로 어떤 가치를 가지고 있나요?

▷ 세계에서 가장 오래된 목판 인쇄물입니다.

흥미 솔솔

▣ 우리 한지의 우수성

무구정광대다라니경은 종이 12장을 이어 붙여 두루마리로 둥글게 말았습니다. 오래된 불교 경전 무구정광은 1200여 년이 흘렀음에도 보존상태가 뛰어나 주목 받았습니다. 그 비밀은 바로 우리 전통 한지에 있는데, 종이를 처음 만든 중국으로 역수출을 할 만큼 한지를 만드는 기술이 탁월했다고 합니다.

무구정광대다라니경을 통해 천년 이상의 세월을 버텨낸 한지의 우수성을 가늠해 볼 수 있습니다. 닥나무로 제작한 우리나라 한지는 접고 펴는 강도 실험에서 서양의 양지의 약 50배의 강도를 보여줬다고 합니다.

▣ 함께 보면 좋은 영상

무구정광대다라니경, 1000년의 비밀(14분 40초) / 국가유산채널

세계에서 가장 오래된 목판인쇄물, 무구정광대다라니경

1. 무구정광대다라니경과 목판 인쇄의 설명입니다. 맞으면 O, 틀리면 X를 표시하세요.

   1) 무구정광대다라니경은 세계에서 가장 오래된 목판인쇄물이다. (　　)

   2) 무구정광대다라니경은 경주 불국사 다보탑에서 발견되었다. (　　)

   3) 목판이 있으면 같은 내용을 여러 장 인쇄할 수 있다. (　　)

   4) 목판에 글씨는 좌우를 반대로 만들어야 한다. (　　)

2. 목판 인쇄는 판화와 비슷해서 글씨를 왼쪽과 오른쪽이 반대가 되도록 써서 판을 만들어야 합니다. 내가 좋아하는 문장을 목판으로 찍어서 나눠주려면 어떻게 해야 할까요? 글자의 좌우가 반대가 되도록, 문장도 오른쪽에서 왼쪽으로 써 나가야 합니다. 문장을 써보고 제대로 써졌는지 거울에 비춰보세요!

멀리 퍼져 나가는 아름다운 종소리

28. 성덕대왕신종

성덕대왕신종(청동, 높이 365.8cm, 통일신라 시대)

성덕대왕신종은 신라 경덕왕이 아버지 성덕왕의 공덕*을 기리고 널리 알리기 위해 만들기 시작해 혜공왕 때인 771년에 이르러 완성된 종입니다. 현재는 국립경주박물관 야외 종각에 걸려있습니다. 이 종은 통일신라 시대의 대표적인 걸작 중 하나로 꼽힙니다. 종을 보호하기 위하여 2004년 이후 종을 울리지 않지만, 완성된 후 오랜 세월이 지난 지금도 소리를 낼 수 있으며 전체적으로 원래의 형태를 잘 보존하고 있습니다.

*공덕: 어진 일을 하여 쌓은 업적과 덕

여운 있는 종소리

종을 울리면 수 킬로미터 밖에서도 그 소리가 들립니다. 작아질 듯 다시 이어지며 은은한 여운이 있는 아름다운 종소리가 1분이 넘게 계속됩니다. 진동이 다른 두 개의 소리가 서로 간섭하며 강약을 반복하기 때문입니다. 현대의 기술로도 이처럼 신비한 소리를 만들어 내기는 어렵습니다. 신라인들은 뛰어난 과학 기술을 활용해 종을 설계하고 만들었습니다. 종이 매달린 곳 아래의 바닥이 움푹 들어가서 소리가 오래 울립니다.

웅장한 규모, 수려하고 섬세한 장식

성덕대왕신종은 우리나라에 남아 있는 종 중에 크기가 가장 큽니다. 무게가 19톤에 달할 정도로 웅장합니다. 또한, 전체적인 형태가 우아하고 장식이 아름답습니다. 종의 맨 윗부분에는 대나무 모양의 음통*이 있습니다. 음통은 우리나라 종에서만 찾아볼 수 있는 구조입니다. 종이 걸려 있는 고리는 용 모양입니다. 종의 몸체에는 꽃무늬, 연꽃, 비천상* 등의 그림과 여러 문장들이 새겨져 있습니다.

종에 새겨진 글은 어떤 내용일까요?

종을 만든 이유, 제작 과정, 만든 시기, 종을 만든 사람, 신라와 성덕대왕의 훌륭함 등이 적혀 있습니다.

*음통: 소리의 울림을 도와주는 것
*비천상: 불교의 천사, 비천(하늘을 날며 부처님을 모시는 존재)을 표현한 것

수업? 재미 up! 흥미 up!

핵심 쏙쏙

▣ 성덕대왕신종을 만든 이유는 무엇일까요?

▷ 아들인 경덕왕이 아버지 성덕왕을 기리고 성덕왕의 공덕을 널리 알리기 위해 만들었습니다.

▣ 성덕대왕신종은 언제 만들기 시작하여, 언제 완성했을까요?

▷ 신라 시대 경덕왕 때에 만들기 시작해서 혜공왕 때에 완성했습니다.

▣ 성덕대왕신종의 겉면에는 어떤 것들이 새겨져 있을까요?

▷ 비천상, 연꽃, 꽃무늬, 여러 문장들이 새겨져 있습니다.

▣ 성덕대왕신종을 울리면 맑고 웅장한 종소리가 오래 울리는 까닭은 무엇일까요?

▷ 진동이 다른 두 개의 소리가 서로 간섭하며 오래 반복되기 때문입니다. 신라인들의 기술이 아주 뛰어났기 때문입니다.

흥미 솔솔

▣ **함께 보면 좋은 유물**

미국 자유의 종, 러시아 황제의 종은 갈라지고 깨진 부분이 있고 지금은 소리를 낼 수 없습니다. 반면, 성덕대왕신종은 깨진 부분 없이 1,250여 년이 지난 지금도 소리를 낼 수 있습니다.

신라 성덕대왕신종(청동, 높이 365.8cm, 771년)

미국 자유의 종(청동, 높이 150cm, 1752년)

러시아 황제의 종(청동, 높이 614cm, 1735년)

▣ **함께 보면 좋은 영상**

1250살 에밀레종… 새 기술로 다시 듣게 된 천년의 울림(1분 52초)

멀리 퍼져 나가는 아름다운 종소리, 성덕대왕신종

1. 성덕대왕신종에 대한 알맞은 설명을 <보기>의 낱말을 활용하여 완성해 봅시다.

<보기>
진동, 비천상, 경덕왕, 혜공왕

① 성덕대왕신종은 이 아버지 성덕왕의 공덕을 기리기 위하여 만들고자 한 것이다.

② 성덕대왕신종은 대에 이르러 완성되었다.

③ 성덕대왕신종의 겉에는 연꽃, 꽃무늬, 제작 과정과 제작 이유를 적은 글, 등이 새겨져 있다.

④ 종을 울리면 이 다른 두 개의 소리가 서로 간섭하며 계속 반복되어, 웅장한 소리가 오래 간다.

2. 오른쪽 설명을 보고, 가로세로 낱말 퀴즈를 풀어봅시다.

1					2		
					3		
						5	
	4		6				
7				8			
				9			

〈가로 문제〉

1. 신라 진흥왕이 신라의 영토 확장을 기념하려고 세운 비석
3. 자작나무 껍질로 만든 천마도가 출토된 신라 왕릉
4. 성덕대왕신종은 이곳 야외의 종각에 있다.
7. 경덕왕이 아버지 성덕왕을 기리기 위해 만든 종의 이름
9. 성덕대왕신종의 음통은 이 모양과 닮아있다.

〈세로 문제〉

2. 비천(하늘을 날며 부처님을 모시는 존재)을 표현한 것. 성덕대왕 신종의 겉에도 조각되어 있다.
5. 과거의 역사를 연구하기 위해 발굴되거나 수집된 물건
6. 성덕대왕신종을 처음으로 만들고자 했던 왕
8. 성덕대왕신종은 이 시대의 유물이다.

자연과 예술의 조화

29. 청동 은입사 포류수금문 정병

청동 은입사 포류수금문 정병은 고려 시대 불교문화와 깊은 관련이 있는 금속 공예품입니다. 목이 긴 형태의 물병으로 '물가풍경무늬정병'이라고도 불립니다.

고려 시대 정병은 대부분 몸체가 계란형입니다. 길고 매끈한 목 위에는 뚜껑 모양의 둥근 테가 있으며, 그 위로 물을 넣고 뺄 수 있는 호스(관) 같은 첨대와 입구가 있습니다. 또한 몸체에는 물을 따르는 주둥이가 달려 있습니다.

정병은 승려들이 맑은 물을 담아 마시기 위한 용도로 사용되었지만, 점차 부처님 앞에 정수를 담는 그릇으로 활용되었습니다. 불교 의식에서는 솔가지로 정병에 담긴 감로수를 뿌려 모든 마귀와 번뇌를 없앤다는 상징적인 의미도 있습니다.

청동 은입사 포류수금문 정병
(금동-동합금, 높이 37.5cm, 고려 시대)

이 정병은 매끄러운 곡선미와 안정감 있는 형태를 보여주며, 자연의 아름다움을 섬세하고 정교하게 표현하였습니다. 지금은 세월의 흔적으로 초록빛 바탕에 어두운 무늬가 남아 있지만, 그 당시에는 본래의 청동색인 어두운 바탕 위에 하얗게 빛나는 은사로 만든 무늬가 더욱 돋보였을 것입니다. 무늬는 금속(청동)에 선이나 홈을 파서 그 안에 가늘게 만든 은을 넣어 장식하는 '은입사' 기법으로 표현했습니다.

물가풍경무늬 정병을 자세히 살펴볼까요?

전체적으로 둥근 몸체의 어깨와 굽 위에 꽃무늬를 두르고, 언덕 위에는 갈대와 수양버들이 늘어져 있습니다. 주위에는 헤엄치거나 날아오르는 물새들과 오리들이 보입니다. 먼 산에는 철새가 줄지어 날고 있고, 물 위에는 노를 젓는 사공과 낚시꾼이 한 폭의 그림처럼 펼쳐져 있습니다. 청동 은입사 포류수금문 정병은 현재까지 전해지는 고려 시대 은입사 정병 중 서정성이 가장 뛰어나며 고려 시대의 문화와 예술을 살펴볼 수 있는 문화유산입니다.

목 부분 둥근 테두리를 덮은 뚜껑에는 덩굴무늬를 새겼어요.

날아오르는 새들, 헤엄치는 오리들과 함께 낚시꾼과 노를 젓는 사공이 보여요.

수업? 재미 up! 흥미 up!

핵심 쏙쏙

▣ 이 유물의 이름은 무엇인가요?

▷ 청동 은입사 포류수금문 정병입니다.

▷ 청동 은입사 물가풍경무늬 정병이라고도 합니다.

▣ 이 정병은 어느 시대 유물인가요?

▷ 고려 시대입니다.

▣ 이 정병은 어떤 용도로 사용했나요?

▷ 처음에는 스님들이 맑은 물을 담아 마시기 위해 사용했는데, 점점 부처님에게 깨끗한 물을 바치는 그릇으로 사용했습니다.

▣ 이 정병의 무늬는 어떻게 새겼을까요?

▷ 정병에 홈을 파고 그 안에 가늘게 만든 은실을 넣어 무늬를 새겼습니다.

▣ 정병에는 오리, 새, 버드나무, 갈대, 낚시꾼, 사공 등이 한 폭의 그림처럼 펼쳐져 있습니다. 정병의 풍경으로 나만의 이야기를 만들어 봅시다.

흥미 솔솔

▣ 함께 보면 좋은 유물

청동 은입사 포류수금문 향완
(금동-동합금, 높이 30.4cm, 고려 시대)

청자 양각 갈대기러기문 정병
(높이 34.2cm, 고려 시대)

▣ 함께 보면 좋은 영상

은실로 만드는 조화로움, 은입사 기법(1분 11초)

자연과 예술의 조화, 청동 은입사 포류수금문 정병

1. 청동 은입사 포류수금문 정병을 자세히 살펴봅시다.

1) 이 정병은 어느 시대 유물인가요?

2) 이 정병은 어떤 용도로 사용했나요?

3) 이 정병의 무늬는 어떻게 새겼을까요?

2. 이 정병에는 오리, 새, 버드나무, 갈대, 낚시꾼, 사공 등이 한 폭의 그림처럼 펼쳐져 있습니다. 정병에 표현된 풍경으로 이야기를 만들어 봅시다.

(예: 사공이 쓰는 일기, 철새의 여행 등)

우아한 형태와 옥빛의 조화

30. 청자 상감 운학문 매병

청자 상감 운학문 매병
(높이 41.7cm, 입지름 6.52cm, 밑지름 17cm, 고려 시대)

청자 상감 운학문 매병*은 유려한 선의 아름다움을 보여주는 고려 시대 대표적인 유물입니다. 또한 하늘을 상징하는 학이 구름과 어우러져 당시 고려 시대 사람들의 자연을 사랑하는 마음을 볼 수 있습니다.

고려 시대 우리 조상들은 중국의 자기를 받아들여 우리만의 청자를 만들기 위해 노력했습니다. 처음부터 정교하지는 않았지만 끊임없이 노력하여 우리만의 기술과 감각을 살린 세계적으로 아름답고 독특한 고려청자를 만들게 되었습니다. 특히 비취옥의 푸른 비색은 중국에서 "고려의 비색은 천하제일"이라며 칭찬할 정도였습니다.

*매병: 입이 좁고 어깨가 넓으며 밑이 홀쭉하게 생긴 병

상감청자는 어떻게 만들어졌을까?

① 흙 준비하기	② 흙 밟기	③ 모양 만들기	④ 무늬 그리기
찰진 흙을 물에 풀어 가라앉은 흙만 골라 그늘에 말리기	적당히 마른 흙을 계속 주물러 공기 빼기	물레에 올려 모양 만들기	도자기 겉을 칼로 파거나 긁어 무늬를 새긴 뒤 흰 흙이나 붉은 흙을 채워 무늬 만들기

매병의 모습을
확대한 사진입니다. 아래와 위를 향해 날고 있는 학의 모습이 보이네요. 이렇게 무늬를 새기고 다른 흙을 집어 넣어 표현한 것을 상감기법이라고 해요.

청자 상감 운학문 매병을 지킨 간송 전형필의 노력

간송 전형필은 일제강점기 시절 서울의 부잣집 막내아들로 태어났습니다. 그는 우리나라와 문화재를 지키고자 우리 문화재가 일본을 포함한 다른 나라로 유출되지 않도록 전 재산을 들여 수집하였습니다. 그는 문화재를 파는 사람이 그 가치를 잘 모르고 싼 값을 불러도, 자신이 생각한 문화재의 가치대로 값을 치르고는 하였습니다.

1935년 전형필은 일본인에게서 2만원을 주고 청자 상감 운학문 매병을 구입합니다. 당시 2만원은 기와집 20채에 해당하는 값으로, 이러한 그의 노력으로 우리는 청자 상감 운학문 매병을 지켜낼 수 있었습니다.

도자기의 이름을 알아볼까요?

청자의 이름 속 비밀을 알아 봅시다. 도자기를 잘 관찰하면 이름을 추리할 수 있어요.

(도자기의 이름은 종류+무늬 만드는 방법+무늬 종류+도자기 모양 순서입니다)

- 종류: 청자, 분청사기, 백자 등
- 무늬: 운학(구름과 학), 매화, 용, 죽문(대나무) 등
- 기법: 상감, 양각, 투각 등
- 모양: 병, 주전자, 향로 등

오른쪽 도자기의 이름은 무엇일까요?
종류는 청자이고, 상감기법으로 만들었으며,
모란구름학 무늬를 새긴 베개이므로,
이 청자의 이름은
청자 상감 모란구름학무늬 베개입니다.

⑤ 말리기	⑥ 초벌 구이	⑦ 유약 바르기	⑧ 본벌 구이
그늘에서 물기가 남지 않도록 잘 말리기	700~800℃로 굽고 4~5일 정도 식히기	물이나 공기가 스며들지 않고 광택이 나도록 유약(잿물) 바르기	1200~1300℃ 가마에서 한 번 더 굽고 5~6일 정도 기다린 후 꺼내기

예술과 실용을 담은 고려 청자

청자 모자원숭이모양 연적
(높이 9.8cm, 몸통 지름 6cm, 고려 시대)

우리 조상들은 다양한
모양과 무늬로
아름다움을 살려서
생활용품을 만들어
사용했어요.

청자 사자형 뚜껑 향로
(전체 높이 21.2cm, 지름 16.3cm, 고려 시대)

청자 상감 연꽃 덩쿨 동자무늬 합
(높이 4cm, 입지름 9.8cm,
바닥 지름 4.7cm, 고려 시대)

청자 투각 칠보무늬 향로
(전체 높이 15.3cm, 지름 11.5cm, 고려 시대)

만들기도 어렵고 값비싼
청자는 백성들은 사용하기
어렵고 귀족들이 주로
사용했다고 해요.

청자 거북이모양 연적
(높이 6.1cm, 길이 9.8cm, 고려 시대)

청자 투각 옹머리장식 붓꽂이
(높이 9cm, 길이 17.6cm, 넓이 4.8cm, 고려 시대)

청자 배 모양 변기(높이 16.8cm, 고려 시대)

불교에서는 깨달음을
얻기 위해 맑은 정신을
유지하려고 차를
마셨다고 해요.

청자 상감 국화 무늬 잔과 잔받침
(높이 12.6cm,
받침 지름 15.0cm, 고려 시대)

청자 상감 동화 포도 동자 무늬 조롱박
모양 주전자와 받침
(주전자 높이 34.5cm,
받침 높이 7.6cm, 고려 시대)

청자 어룡모양 주전자
(전체 높이 24.4cm, 뚜껑 높이 5.3cm,
몸통 지름 13.5cm, 고려 시대)

청자 참외모양병
(전체 높이 22.7cm, 입지름 8.8cm, 바닥 지름
8.8cm, 몸통 지름 9.6cm, 고려 시대)

청자 상감 모란무늬 항아리
(높이 19.7cm, 입지름 19.7cm,
최대 지름 34,5cm, 고려 시대)

청자 투각 의자
(높이 37.5cm, 지름 28.2cm, 고려 시대)

수업? 재미 up! 흥미 up!

핵심 쏙쏙

▣ 청자는 어느 시대에 만들어졌을까요?

▷ 고려 시대입니다.

▣ 청자는 주로 누가 사용했을까요?

▷ 주로 귀족들이 사용했을 것 같습니다. 만들기 어렵고 비싸서 백성들은 사용하기 어려웠기 때문입니다.

▣ 청자의 푸른색을 본 중국인은 '천하제일의 이색'이라고 칭찬했어요. 무슨 색일까요?

▷ 비취옥의 푸른 비색입니다. / 비색입니다.

▣ 무늬들은 어떻게 새겼을까요?

▷ 파거나 긁은 후 다른 색 흙을 넣은 상감기법으로 새겼습니다.

흥미 솔솔

▣ 함께 보면 좋은 유물

고려 시대에는 청자 이외에 백자, 흑유자도 만들어 사용했지만 청자를 가장 많이 제작했어요. 청자라고 모두 푸른빛을 가지고 있지는 않답니다. 유약 성분이나 굽는 방법에 따라 다른 색깔의 청자들도 있어요.

철화청자

철 성분이 들어 있는 안료로 그림을 그려 무늬가 검습니다.

청자 철화 모란무늬 주전자
(높이 21.2cm, 입지름 8.6cm, 몸통 지름 14.2cm, 고려 시대)

동화청자

구리가 들어 있는 안료를 사용해 그림을 그려 무늬가 붉습니다.

청자 동화 퇴화무늬 병
(높이 10.5cm, 입지름 4.5cm, 최대 지름 19.7cm, 고려 시대)

옥빛 담은, 청자 상감 운학문 매병

1. 청자는 어느 시대에 만들어졌을까요?

(   )

2. 청자는 주로 누가 사용했을까요?

청자는 만들기 어렵고 비싸서 백성들은 사용하기 어려웠습니다. 그래서 주로 [ ][ ]들이 사용했습니다.

3. 청자의 푸른색을 본 중국인은 천하제일의 '이색'이라고 칭찬했어요. 무슨 색일까요?

(   )

4. 무늬들은 어떻게 새겼을까요?

파거나 긁은 후 다른 색의 흙을 넣은 [ㅅ][ㄱ][ㄱ][ㅂ]으로 새겼습니다.

5. 내가 만들고 싶은 청자를 그리고 이름을 만들어 볼까요?

나만의 청자 디자인하기	
내가 만든 청자의 이름 붙이기 (도자기 종류 +만든 방법 +무늬 +그릇 모양	

고려의 의지를 새긴

31. 해인사 대장경판

해인사 대장경판 대반야바라밀다경(앞)(목판, 가로 70cm 내외, 세로 24cm 내외, 두께 2.6~4cm, 고려 시대)

합천 해인사에 있는 대장경판은 고려 시대 몽고의 침입에 맞서 굳건한 의지를 다지기 위해 고종 23년(1236) 경판을 만들기 위한 대장도감을 설치하여 16년에 걸쳐 완성되었습니다. 이것은 고려 시대에 만들어졌다고 해서 고려대장경이라고도 하며 전체 8만 1,258개의 목판으로 이루어져 있고, 8만 4천 법문이 실려 있어 팔만대장경이라고도 부릅니다.

고려 시대 불교는 왕실부터 지방 백성들까지 널리 퍼져 있었습니다. 고려 시대 사람들은 절을 짓고, 탑을 쌓아 부처님의 힘에 의지하며 나라의 어려움을 이겨 내고자 하였습니다. 고려 초에 새긴 초조대장경이 고종 19년(1232) 몽고의 침입으로 불에 타자 불교의 힘으로 몽골군의 침입을 막아내고자 국가에서 임시기구를 설치하여 다시 대장경을 만들었습니다.

원래 강화도에 보관하고 있던 대장경판은 조선 초에 해인사로 옮겨져 오늘날까지 긴 시간 동안 단 한 점도 썩지 않고 전해지고 있습니다. 또한 현존하는 대장경 중에서 가장 오랜 역사와 정확한 내용으로 유명하며, 2007년 유네스코 세계기록유산으로 등재되었습니다.

정성스러운 제작과 인쇄

대장경판을 만들기 위해 나무를 3년 동안 바닷물에 담가둔 뒤 소금물에 삶고 2~3년간 그늘에서 말립니다. 이는 나무가 뒤틀리거나 썩는 것을 막기 위해서입니다. 그 후 정성스럽게 글자를 새긴 다음, 옻칠을 하였습니다. 경판의 양 끝에 나무 조각을 붙이고 네 귀퉁이에 금속장치를 덧붙여 뒤틀리거나 쪼개지는 것을 방지하였습니다.

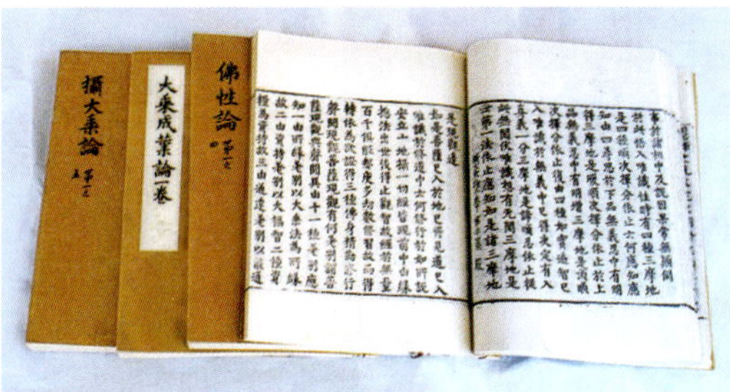

팔만대장경

경판의 크기는 가로 70cm 내외, 세로 24cm 내외이고 두께는 2.6cm~4cm이며 무게는 3kg~4kg입니다. 대장경판은 수천만 개의 글자체가 거의 동일하며 잘못되거나 빠진 글자 없이 정밀한 점에서 그 보존 가치가 매우 큽니다.

대장경판 보관의 비밀-합천 해인사 장경판전

장경판전 외부

해인사의 가장 높은 곳에 있는 장경판전은 두 건물이 나란히 세워져 있는 구조입니다. 남쪽 건물은 '수다라장', 북쪽 건물은 '법보전'이라고 하며 이 두 곳에 대장경판이 보관되어 있습니다. 서쪽과 동쪽에는 작은 서고가 있어서 전체적으로는 긴 네모 모양으로 배치되어 있습니다.

판전 앞면은 아래에 있는 창이 위에 있는 창보다 크고, 뒷면은 위에 있는 창이 아래에 있는 창보다 커서 공기가 위아래로 돌아나가도록 만들어져 실내 온도를 유지할 수 있습니다. 또한 바닥에는 소금, 숯, 모래, 횟가루를 차례로 넣어 습도를 조절할 수 있도록 하였습니다. 이 외에도 건물은 남향으로 지어져 습기가 많은 동남향 바람을 차단할 수 있습니다.

장경판전 내부

이러한 건축적 특징 덕분에 오랜 시간 대장경판을 안전하게 보관할 수 있었으며 그 가치를 인정받아 1995년 유네스코 세계유산으로 등재되었습니다.

수업? 재미 up! 흥미 up!

핵심 쏙쏙

▣ 이 유물의 이름은 무엇인가요?

▷ 합천 해인사 대장경판입니다. 팔만대장경이라고도 부릅니다.

▣ 팔만대장경 이름의 의미는 무엇인가요?

▷ 8만 4천 개의 법문을 담았다고 해서 팔만대장경입니다.

▣ 고려 시대에 왜 대장경판을 만들었을까요?

▷ 불교의 힘으로 몽고의 침입을 막으려고 만들었습니다.

▣ 대장경판은 어디에 보관되어 있나요?

▷ 합천 해인사 장경판전

▣ 긴 시간 동안 대장경판이 썩지 않고 보관될 수 있었던 장경판전의 비밀은 무엇인가요?

▷ 공기가 잘 드나들도록 창문의 크기를 다르게 만들었다.

▷ 바닥에 소금, 숯, 모래, 횟가루를 넣어 습도를 조절할 수 있다 등

흥미 솔솔

▣ 대장경판을 지켜 낸 사람-김영환 장군

한국 전쟁 당시 퇴각하던 인민군이 해인사에 숨어들었습니다. 이에 유엔군은 김영환 대장에게 해인사를 폭격하라는 지시를 내렸지만 명령을 거부하고 해인사 뒷산에 폭탄을 떨어뜨려 대장경판을 지켜냈습니다.

이후 명령 불복종으로 조사를 받는 과정에서 영국군이 인도를 잃을지언정 셰익스피어와 바꾸지 않겠다고 한 것을 언급하며 “우리 민족도 파리, 인도와 바꿀 수 없는 세계적 보물인 팔만대장경을 가지고 있다. 한 번의 승리를 위해 해인사를 폭격하는 것은 있을 수 없다.”라고 자신의 뜻을 밝혔습니다.

▣ 함께 보면 좋은 영상

썩지 않는 팔만대장경의 비밀(5분 5초)

고려의 의지를 새긴, 해인사 대장경판

1. 대장경판에 대한 알맞은 설명을 <보기>의 낱말을 활용하여 완성해 봅시다.

<보기>

장경판전, 대장경판, 절, 팔만대장경

① 고려 시대 불교는 왕실부터 백성까지 널리 퍼져 있었습니다. 을 짓고, 탑을 쌓아 부처의 힘으로 나라의 어려움을 이겨내고자 했습니다.

② 고려는 몽고의 침입에 맞서 부처의 힘으로 이겨내고자 을 만들었습니다.

③ 대장경판은 8만 4천 개의 법문을 실었다고 하여 이라고도 합니다.

④ 대장경판은 조선 초기에 강화도에서 합천 해인사 로 옮겨 보관되고 있습니다.

2. 다음 사진은 대장경판을 보관하고 있는 장경판전의 사진입니다. 지금까지 대장경판이 썩지 않고 보관될 수 있었던 비밀을 찾아볼까요?

판전 앞면은 아래 창이 위 창보다 크고, 뒷면은 위 창이 아래 창보다 큽니다. 이렇게 하면

____

____

판전 바닥에는 소금, 숯, 모래, 횟가루를 차례로 넣어 (   )를 조절할 수 있습니다.

고려 불화의 정수

32. 수월관음도

수월관음도(비단에 채색, 세로 165.5cm, 가로 101.5cm, 고려 시대, 센오쿠학고간 소장)

수월관음도는 고려 시대의 대표적인 불화*로 관음보살의 모습을 그린 작품입니다. 고려는 불교를 국교로 장려했던 나라였기 때문에 많은 절이 세워지며 불화도 발전하였습니다. 관음보살은 중생을 구제하는 자비로운 보살로 알려져 있습니다. 그는 보타락가산에서 사람들을 보살피며 온갖 보배와 꽃, 과일이 풍성한 곳에서 살아갑니다. 이 수월관음도에는 바닷가 바위 위에 앉아 선재동자의 방문을 받고 있는 관음보살이 그려져 있습니다. 금박 가루와 원색의 색채를 사용하여 매우 화려하게 표현되었으면서도 동시에 우아함과 고상함도 가지고 있습니다.

수월관음도는 섬세하고 화려하면서도 종교적인 격식을 갖춘 고려 불화의 특징을 잘 보여주는 작품입니다.

*불화: 불교의 내용을 그린 그림

서구방이 그린 수월관음도

아래 수월관음도는 고려 시대 화원인 서구방이 그린 수월관음도입니다. 달을 배경으로 바위에 앉아 있는 관음보살을 그린 비슷한 형태의 많은 수월관음도 중에서 표준이 될 만한 작품으로 손꼽아집니다.

수업? 재미 up! 흥미 up!

핵심 쏙쏙

▣ 고려 시대에 불화가 발달했던 이유는 무엇입니까?

▷ 고려는 불교를 장려한 나라였기 때문에 나라 곳곳에 절이 많이 세워졌기 때문입니다.

▣ 수월관음도에는 어떤 것들이 그려져 있습니까?

▷ 선재동자의 방문을 받는 관음보살이 그려져 있습니다.

▷ 관음보살이 살고 있는 곳의 모습이 자세히 그려져 있습니다.

▷ 버들가지가 꽂혀있는 정병과 투명한 염주 등 불교의 특징이 드러나 있습니다.

▣ 관음보살이 인기 있는 보살 중 하나인 까닭은 무엇일까요?

▷ 자비로써 중생을 구제하는 보살이기 때문입니다.

▣ 수월관음도를 보면서 고려 시대 사람들은 어떤 느낌을 받았을까요?

▷ '나무아미타불 관세음보살'에서 관세음보살이 바로 이 관음보살입니다. 관음보살의 이름만 불러도 구제를 받을 수 있다는 믿음을 가졌던 고려 사람들이었기 때문에 불화를 보며 더욱 불교를 잘 믿게 되었을 것 같습니다.

흥미 솔솔

▣ **우리나라보다 외국에 더 많은 수월관음도**

고려 시대의 불화는 160여 점이 발견되었으며 그중 수월관음도는 40여 점에 달합니다. 그러나 6점만이 우리나라에 소장되어 있으며 나머지 불화들은 대다수가 일본에, 그리고 일부는 유럽과 미국 등지에 흩어져 있습니다. 우리가 고려 시대의 불화에 대해 친숙하지 않은 이유는 이렇듯 우리나라에 소장하고 있는 유물이 많지 않기 때문입니다. 많은 고려 불화들이 다시 제자리로 돌아오기를 기다립니다.

수월관음도(세로 419cm, 가로 254cm, 고려 시대, 가가미신사 소장)

고려 불화의 정수, 수월관음도

▣ 보기의 단어를 사용하여 수월관음도를 소개하는 글을 써봅시다.

소개하면 좋을 내용

1. 고려시대에 불화가 발달한 이유
2. 수월관음도에 나타난 등장인물과 배경 설명하기
3. 고려시대 사람들은 불화를 보며 어떤 생각을 했을지 상상하기

<보기>

관음보살, 고려 불화, 선재동자, 달, 바다, 화려한, 투명한 옷감, 대나무, 투명한 염주, 연꽃, 산호, 전 세계에 40여 점, 우리나라에 6점

새로운 양식, 정교한 장식

33. 경천사지 십층석탑

경천사지 십층석탑(대리석, 높이 13.5m, 고려 시대)

경천사지 십층석탑은 원래 경기도 개풍군의 절터인 경천사지에 세워져 있던 탑입니다. 재료는 대리석이고, 위에서 아래로 내려다본 평면의 모양이 한자 '아(亞)' 모양이라는 점에서 새롭습니다. 이는 우리나라에 남아 있는 많은 탑의 재료가 화강암이고, 평면이 사각형이나 다각형이라는 점과 다릅니다. 탑 곳곳에는 불교적 장식이 정교하게 조각되어 있습니다.

경천사지 십층석탑은 1909년경 일제에 의해 해체되어 일본으로 옮겨졌습니다. 이후 되찾아 경복궁으로 옮겨왔습니다. 많이 훼손된 탑을 해체하여 10여 년 동안 복원 작업을 했고, 2005년부터 국립중앙박물관의 실내에 전시하고 있습니다.

양식이 새롭고, 전체적인 균형이 아름다운 석탑

경천사지 십층석탑은 전통과 이국적인 요소가 조화롭게 어우러진 대리석 탑입니다. 전체적인 균형이 아름답고 조각은 매우 정교합니다. 목조 건물처럼 처마, 기와 모양으로 조각된 부분도 있습니다.

탑은 기단, 탑, 맨 위 장식의 세 부분으로 구분할 수 있습니다. 한자 '아(亞)' 모양의 기단이 3단이고, 탑의 1~3층도 기단과 같은 모양으로 위로 올라갈수록 좁아집니다. 이 모양은 원나라, 티베트의 탑과 유사합니다. 당시에 고려가 원나라, 티베트 등 다른 나라의 영향을 받았음을 알 수 있습니다.

탑의 4층부터는 전통적인 석탑 형태인 사각형 모양입니다. 안타깝게도 탑의 맨 위의 장식은 남아 있지 않습니다.

정교하게 조각된 불교적 장식

화려한 조각 장식들은 탑 전체에 가득 차 있습니다. 기단 부분에는 사자, 용, 연꽃이 새겨져 있습니다. 그 밖에도 불교 경전을 구하기 위해 여행하는 과정을 기록한 『서유기』의 장면도 조각되어 있습니다. 탑 부분에는 불교의 법회 장면, 불교에서 꿈꾸는 모습, 부처님이 세상에 나타나는 모습 등이 새겨져 있습니다. 탑의 1층에는 탑을 만들 당시의 기록이 있습니다. 이 기록을 통해 탑이 만들어진 때가 고려 후기 충목왕 때임을 정확히 알 수 있다는 점에서도 가치가 높습니다.

장식이 얼마나 정교한지 살펴보세요.

경천사지 십층석탑에는 글자도 새겨져 있습니다.

수업? 재미 up! 흥미 up!

핵심 쏙쏙

▣ 경천사지 십층석탑의 기단 부분, 탑 부분은 각각 몇 층일까요?

▷ 기단은 3층, 탑은 10층입니다.

▣ 경천사지 십층석탑은 기단과 탑 일부 평면이 한자 '아(亞)' 모양입니다. 어느 나라의 영향을 받았기 때문일까요?

▷ 원나라와 티베트 문화의 영향을 받았습니다.

▣ 경천사지 십층석탑의 재료는 무엇일까요?

▷ 대리석입니다.

▣ 경천사지 십층석탑에는 어떤 것들이 조각되어 있을까요?

▷ 만든 시기, 만든 이유가 새겨져 있습니다. 고려 후기 충목왕 때 만들었습니다.

▷ 화려하고 정교한 불교적 장식이 아름답게 새겨져 있습니다.

▣ 현재 경천사지 십층석탑은 어디에 있을까요?

▷ 복원 작업 후 국립중앙박물관에 전시되어 있습니다.

흥미 솔솔

▣ 함께 보면 좋은 유물

월정사 팔각 구층석탑, 경천사지 십층석탑은 모두 고려의 불탑입니다. 월정사 팔각 구층석탑은 고려 초기의 탑으로 간결하고 단아한 모습입니다. 반면에 경천사지 십층석탑은 원나라의 영향을 받아 형태가 복잡하며 장식이 화려합니다.

월정사 팔각 구층석탑 (화강암, 높이 15.2m, 고려 시대 전기)

경천사지 십층석탑 (대리석, 높이 13.5m, 고려 시대 후기)

▣ 함께 보면 좋은 영상

격동의 근현대사를 온몸으로 기록한 우리나라 최초의 대리석탑 (4분 53초)

새로운 양식, 정교한 장식, 경천사지 십층석탑

1. 경천사지 십층석탑에 대한 알맞은 설명을 <보기> 낱말을 활용하여 완성해 봅시다.

<보기>

일제, 기단, 원나라, 대리석

① 경천사지 십층석탑은 3층의 ______, 10층의 탑으로 이루어져 있습니다.

② 기단과 탑 일부의 평면 모양이 '아(亞)' 모양인 점 등으로 보아 티베트와 ______의 영향을 받았음을 알 수 있습니다.

③ 경천사지 십층석탑은 ______로/으로 만든 탑입니다.

④ ______가 가져간 것을 되찾아 경복궁으로 옮겨왔습니다. 이후 해체 및 복원 작업을 거쳐 현재는 국립중앙박물관에 전시되어 있습니다.

2. 경천사지 십층석탑은 원래 개성 경천사에 있던 탑입니다. 일제에 빼앗겼다가 우리나라가 되찾아온 소중한 문화재입니다. 아래 일화를 읽고 느낀 점을 글로 써 봅시다.

1907년 2월 일본인들은 군대를 동원해 경천사지 십층석탑을 140여 점으로 조각내어 일본으로 가져갔습니다. 주민들이 반발했지만 일본인들은 이를 총칼로 제압했습니다. 대한매일신보라는 신문을 발간하여 일제의 횡포를 세계에 알리던 기자 '베델'은 이 소식을 세계에 알렸습니다. 미국인 '허버트'도 이 사건을 세계에 알리기 위해 노력했습니다. 세계적인 여론이 좋지 않자, 1918년에 일제는 귀중한 석탑을 우리나라로 반환했습니다.

아름다운 사찰건축물

34. 부석사 무량수전

영주 부석사 무량수전(목조 건물, 앞면 18.15m, 옆면 11.57m, 고려 시대 재건)

부석사는 신라 문무왕 16년(676) 의상대사가 당나라 유학 후 돌아와 왕명으로 창건한 절입니다. 무량수전은 부석사의 중심 건물로 공민왕 7년(1358)에 불에 탄 것을 고려 우왕 2년(1376)에 다시 지었습니다.

무량수전의 규모는 앞면 5칸, 옆면 3칸으로 앞면과 옆면이 황금비율*을 이루고 있습니다. 지붕은 옆에서 보면 여덟 팔(八) 자 모양인 팔작지붕으로 꾸며져 있습니다. 건물 안에는 다른 불전과 달리 불전의 옆면에서 동쪽을 바라보는 불상을 모시고 있는 것이 특징입니다.

무량수전은 우리나라의 오래된 목조 건물 중 하나로 부드럽고 탄력적인 곡선미를 보여주는 배흘림기둥이 유명하며, 고대 사찰건축의 구조를 연구하는 데 매우 중요한 건물입니다.

*황금비율: 자연스럽고 아름다워 보이는 비율로, 수치로 나타내면 약 1:1.618의 비율을 말함

무량수전의 의미

무량수전 내부 소조여래좌상의 모습

무량수전 건물 안에는 아미타여래불상을 모시고 있습니다. '아미타여래'는 끝없는 지혜와 무한한 생명을 지녔으므로 '무량 수불'로도 불리기 때문에 전각의 이름이 무량수전이 되었습니다.

보통의 불전은 정면을 보고 있는데 무량수전의 불단은 동쪽을 향하고 있습니다.

무량수전 '공포'

기둥 머리에 짜 맞추어 댄 나무를 '공포'라고 합니다. 처마의 무게를 받쳐주는 역할과 함께 장식적인 용도도 있습니다. 건물 모서리의 공포는 '귀공포'라고 합니다.

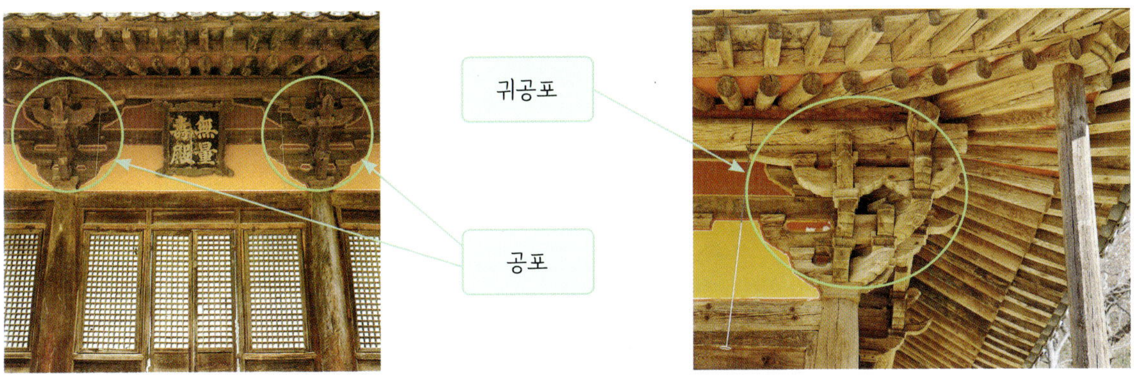

왼쪽의 무량수전 공포(정면 모습)과 오른쪽의 귀공포(건물 모서리의 공포)

배흘림기둥이란?

배흘림기둥은 기둥의 길이가 길면 가운데가 가늘게 보이는 착시현상을 보정하기 위해 만들었습니다.

기둥의 가운데 허리 부분의 지름이 가장 크고, 기둥의 머리와 기둥 뿌리로 갈수록 두께가 줄어드는 항아리 모양을 하고 있습니다.

기둥이 지붕을 탄력 있고 안정적으로 받쳐주는 듯하게 보이는 효과를 줍니다.

무량수전 배흘림기둥

수업? 재미 up! 흥미 up!

핵심 쏙쏙

▣ 무량수전이 있는 부석사는 언제 누가 건립하였나요?

▷ 676년, 현재의 경북 영주시에 의상대사가 창건한 사찰을 고려 우왕 때 재건하였습니다.

▣ 부석사 무량수전의 특징은 무엇인가요?

▷ 목조 건축의 형태미와 비례미를 가장 잘 보여주는 건물로 평가받고 있습니다. 무량수전의 불단을 서쪽에 치우치게 배치하고, 불상은 동쪽을 바라보게 하였습니다.

▣ 무량수전 이름의 뜻은 무엇인가요?

▷ 아미타여래는 끝없는 지혜와 무한한 생명을 지녔으므로 무량 수불로도 불리기 때문에 전각의 이름이 무량수전이 되었습니다.

▣ 배흘림기둥이 무엇인가요?

▷ 기둥의 길이가 길면 가운데가 가늘게 보이는 착시현상을 보정하기 위해, 기둥의 가운데 부분의 지름을 가장 크게 만든 기둥입니다. 기둥이 지붕을 탄력 있고 안정적으로 받쳐주는 듯하게 보이는 효과를 줍니다.

흥미 솔솔

▣ **부석사의 전설**

의상대사가 당나라 유학을 마치고 귀국할 때 그를 좋아한 선묘라는 낭자가 바다에 몸을 던져 용이 되었고, 바닷길을 수호하여 의상대사가 무사히 고국으로 도착할 수 있게 도와주었습니다.

무량수전 서쪽에 있는 '부석'

그 후 의상대사가 봉황산 기슭에 절을 지으려 할 때, 이곳에 살고 있던 이들이 방해하였는데, 용이 된 선묘가 커다란 바위를 공중에 띄워 반대하는 무리들을 물리쳤고, 그 덕분에 절을 지을 수 있었다고 합니다.

선묘가 띄웠던 바위가 바로 이 사진의 바위이며 무량수전의 서쪽에 있습니다. 이후 절의 이름은 '떠 있는 바위의 사찰'이라는 뜻의 부석사가 되었습니다.

아름다운 사찰건축물, 부석사 무량수전

▣ 아래 사진은 부석사 무량수전과 부석사에서 바라본 앞산의 모습입니다.

1. 부석사 무량수전에 대한 설명입니다. 맞으면 O, 틀리면 X를 표시하세요.

1) 부석사는 의상대사가 왕명으로 창건한 절입니다. (　　)
2) 무량수전은 신라 시대에 지어졌고, 이후 화재로 인해 고려 시대에 재건하였습니다. (　　)
3) 지붕은 옆에서 보면 여덟 팔(八) 자 모양인 팔작지붕입니다. (　　)
4) 무량수전의 앞면과 옆면이 황금비율을 이루고 있습니다. (　　)
5) '공포'는 처마의 무게를 받쳐주며, 장식적인 효과도 있습니다. (　　)
6) 기둥의 가운데 부분을 가장 가늘게 만든 것을 배흘림기둥이라고 합니다. (　　)

2. 무량수전과 주변의 풍경이 정말 아름다워서 『무량수전 배흘림기둥에 기대서서』라는 제목의 책도 있습니다. 무량수전과 주변의 풍경을 보며 관찰한 점과 느낀 점을 포함해 무량수전을 표현하는 짧은 글을 써 봅시다. <보기>의 낱말을 활용할 수 있습니다.

무량수전 앞 안양루에 올라앉아 먼 산을 바라보면 산 뒤에 또 산, 그 뒤에 또 산마루, 눈길이 가는 데까지 그림보다 더 곱게 겹쳐진 능선들이 모두 이 무량수전을 향해 마련된 듯 싶어진다.
- 최순우, 『무량수전 배흘림기둥에 기대서서』 -

<보기> 배흘림기둥, 황금비율, 공포 등

금속인쇄술의 보물

35. 직지심체요절

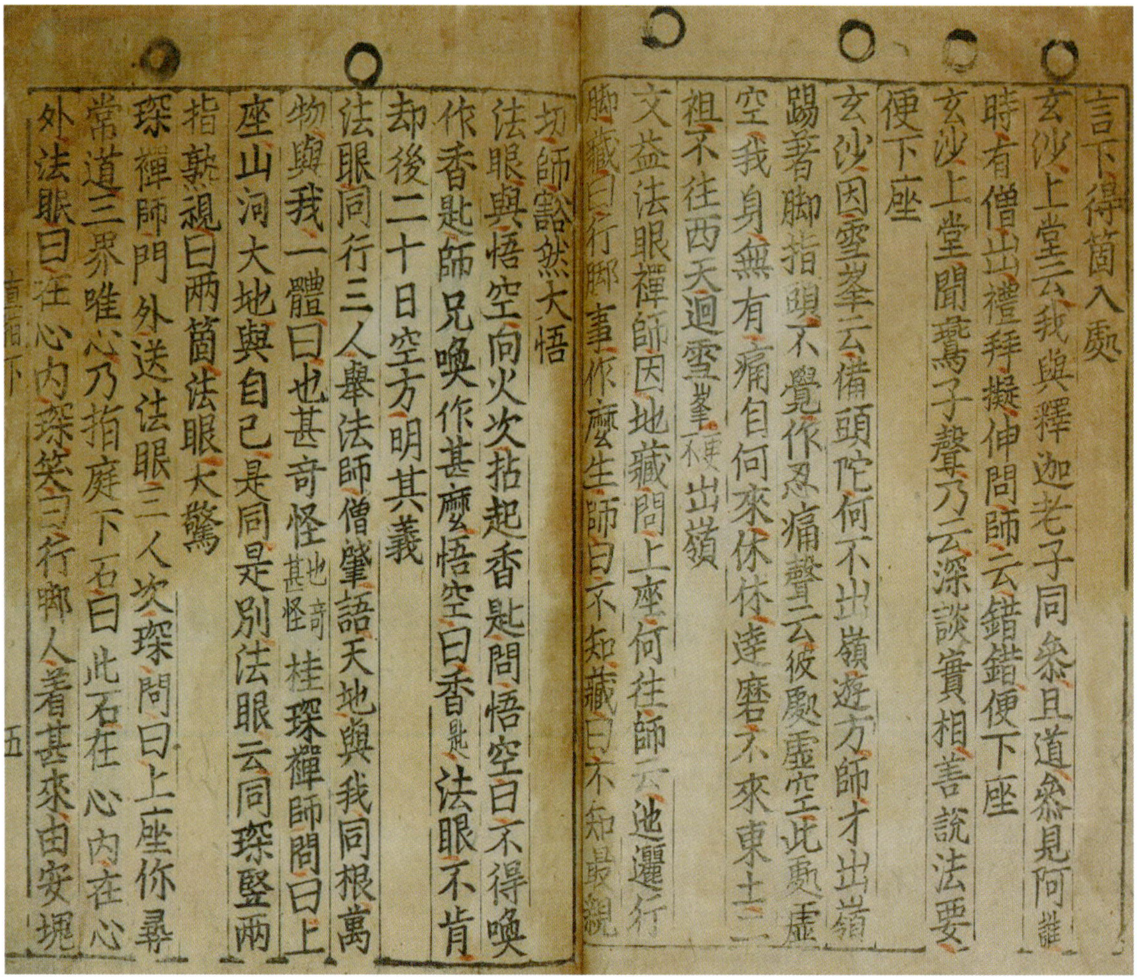

백운화상직지심체요절(청주 흥덕사에서 간행, 1377년 고려 시대)

『직지심체요절』은 현존하는 세계에서 가장 오래된 금속활자 인쇄본으로 1377년 청주 흥덕사에서 간행되었으며, 『구텐베르크 성경』보다 무려 78년을 앞섰습니다.

이 책의 원래 이름은 『백운화상초록불조직지심체요절』인데 풀어 쓰면 '백운이라는 승려가 고승들의 어록을 가려 뽑아 모아 놓은 것'이라는 뜻으로 불교 서적입니다.

『직지』라고도 줄여서 부르는 이 책은 금속을 녹여 만든 활자를 사용해 인쇄되었는데, 유네스코로부터 금속활자로 찍어낸 가장 오래된 인쇄물로 인정되어 2001년 9월 4일에 유네스코 세계기록유산에 등재되었습니다.

직지의 인쇄 방법과 내용

직지 하권 마지막 장에 인쇄 시기인 1377년을 말하는 선광 7년, 장소인 청주 흥덕사와 함께 인쇄 방법을 나타내는 '주자인시', 즉 한자어 '쇠 부어만들 주(鑄)' 자를 통해 직지가 금속 활자로 인쇄되어 있음을 알려주는 증거가 기록되어 있어요.

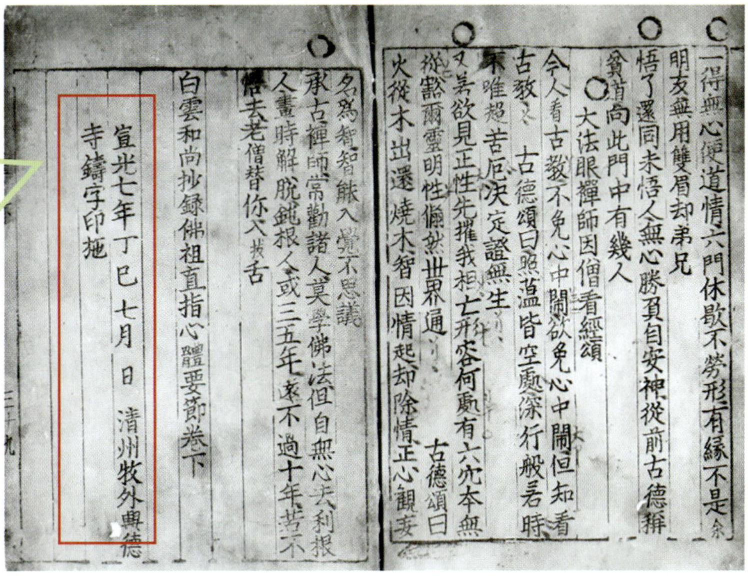

직지 마지막 장

직지는 상, 하 총 2권으로 구성되어 있습니다. 청주 흥덕사에서 간행된 금속활자인쇄본 상권은 아직까지도 발견되지 않았고, 하권 1책만 프랑스국립도서관에 보관되어 있습니다. 고종 대에 콜랭 드 플랑시는 우리나라에 근무하면서 『직지』를 포함한 고서 및 각종 문화재를 수집하여 프랑스로 가져갔습니다. 그가 죽은 후 『직지』가 앙리 베베르라는 예술품 수집가에게 팔렸고, 이후 프랑스국립도서관에 기증되었습니다.

이 책의 마지막 장에 인쇄 시기, 장소와 함께 금속활자로 인쇄했다는 글이 적혀 있습니다. 책의 중심 주제인 '직지심체'는 사람이 마음을 바르게 가졌을 때 그 심성이 곧 부처님의 마음임을 깨닫게 된다는 것입니다.

금속활자 인쇄술의 발달

인쇄술이 발달하기 전 사람들은 책을 만들려면 손으로 일일이 베껴 적어야 했습니다. 목판 인쇄술의 발달로 많은 양의 책을 찍어낼 수 있었지만, 휘어지거나 썩거나 타기 쉬운 목재의 특성으로 인해 목판을 보관하는 것이 쉽지 않았고, 한번 목판에 새겨진 내용은 변경하기 어려워 내용을 조금 바꾸려면 새로 만들어야 했습니다. 그러한 불편을 해소할 수 있는 금속활자는 오래 보관하기가 쉽고, 하나하나 글자를 조합할 수 있는 장점이 있습니다.

수업? 재미 up! 흥미 up!

핵심 쏙쏙

▣ 직지심체요절은 언제, 어디에서, 어떤 방법으로 만들어졌나요?

▷ 1377년 청주 흥덕사에서 금속활자를 사용해 인쇄했습니다.

▣ 직지심체요절의 전체 이름은 무엇인가요?

▷ '백운화상초록불조직지심체요절'입니다.

▣ 직지심체요절은 어떤 내용을 담고 있나요?

▷ 백운이라는 승려가 고승들의 어록을 가려 뽑아 모아 놓은 것입니다.

▣ 중심 주제인 '직지심체'의 뜻은 무엇인가요?

▷ 사람이 마음을 바르게 가졌을 때 그 심성이 곧 부처님의 마음임을 깨닫게 된다는 것입니다.

▣ 직지심체요절의 문화적인 의미는 무엇인가요?

▷ 현존하는 세계에서 가장 오래된 금속활자인쇄물로 2001년 9월 4일에 유네스코 세계기록 문화유산에 등재되었습니다.

흥미 솔솔

▣ 박병선 박사님과 백운화상초록불조직지심체요절

박병선 박사님이 프랑스 유학길에 오를 때 대학교 시절 스승님께서 프랑스 군이 약탈해 간『외규장각 의궤』를 꼭 찾아보라는 당부를 하셨습니다. 박사님이 프랑스국립도서관 사서로 일하며 의궤를 찾던 중 세계 최초의 금속활자 인쇄본『직지심체요절』을 발견하게 되었습니다. 이후『직지』가 금속활자로 인쇄한 책이라는 것을 입증하기 위해 금속활자를 연구했고『직지』를 유네스코 세계기록유산에 등재시킨 1등 공신으로, '직지의 어머니'라고 불립니다.

『직지』는 프랑스국립도서관의 전자도서관인 갈리카(Gallica)에서도 온라인 열람이 가능합니다. 아래 QR코드를 통해『직지』의 모든 이미지를 무료 열람 및 다운로드할 수 있습니다.

▣ 함께 보면 좋은 영상

직지의 어머니 박병선 박사
(8분 4초)/국가유산채널

▣ 함께 보면 좋은 자료

백운화상초록불조직지심체요절
/프랑스국립도서관

금속인쇄술의 보물, 직지심체요절

▣ 아래 글자들 중에서 『직지심체요절』과 관련된 낱말을 찾아서 색칠해 봅시다.

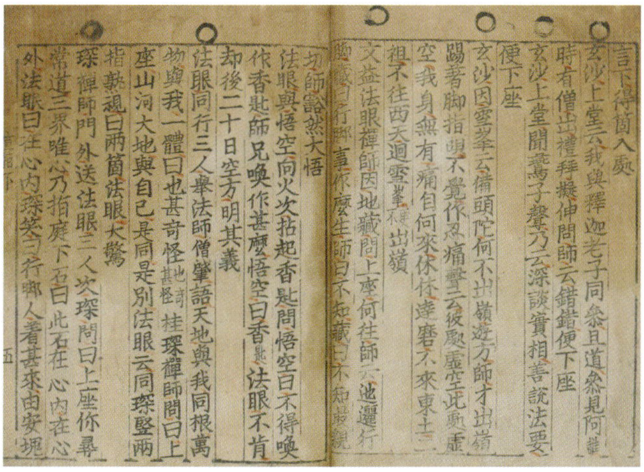

〈보기〉

직지심체요절
금속활자/인쇄본
백운/불교
청주시/흥덕사
프랑스/국립도서관
박병선
유네스코
세계기록유산

직 지 심 체 요 절 무 유 구 흥 덕 사 인 쇄 본 정 금
광 대 프 박 다 라 니 네 경 석 탑 가 다 국 보 주 속
먹 랑 갈 판 병 돌 천 스 마 총 금 관 립 반 구 대 활
스 암 각 화 무 선 용 코 벽 화 한 도 청 대 향 로 자
백 제 신 라 고 구 려 조 선 대 서 제 국 주 여 래 백
삼 도 세 계 기 록 유 산 달 관 항 아 리 도 시 석 운
국 반 가 사 유 상 국 불 마 보 수 월 관 음 도 굴 토
상 인 왕 제 색 도 화 교 도 세 한 도 김 정 희 암 우

1. 색칠한 글자가 모여서 어떤 모양이 되나요? (   )

2. 위에서 찾은 낱말들을 활용해 『직지심체요절』을 설명하는 문장을 만들어보세요.

우리나라에서 가장 오래된 화폐

36. 건원중보

건원중보(금동합금, 지름 2.4cm, 고려 시대)

건원중보는 우리나라에서 실물이 남아 있는 것 중 가장 오래된 공식 화폐입니다. 고려 성종 때 주조된 이 화폐는 동그란 외형의 중앙에 사각형의 구멍이 뚫린 형태를 가지고 있습니다.

고려의 건원중보는 당나라 화폐인 '건원중보'를 참고하여 만들었는데 앞면에는 '乾元重寶(건원중보)'라는 화폐명을 새기고, 뒷면에는 '東國(동국)'이라는 글자를 새겨 중국의 것과 구별하였습니다.

하지만 건원중보는 관영 점포에서만 사용되었고 활발히 유통되지 않았습니다. 백성들 사이의 거래에서는 곡물이나 포화*가 교환 수단으로 사용되었기 때문입니다.

결국 목종 때에 유통이 금지되어 사라지긴 했지만, 건원중보는 경제를 살리고 나라를 부강하게 하고자 했던 고려의 노력을 보여줍니다.

*포화(布貨): 화폐로 사용하던 베(옷감)

조선의 첫 주화, 조선통보

조선 초기 세종은 '조선통보'를 주조하여 유통시켰습니다. 이때 발행된 주화에는 해서체로 글씨를 새겨 매우 정교하게 만들었습니다. 그러나 주조량이 적었고, 여전히 곡식이나 포화가 교환 수단으로 사용되었기 때문에 조선통보는 점차 사용되지 않게 되었습니다.

조선통보 해서체

그 후 국가 재정을 안정적으로 늘리기 위해 인조 때 다시 조선통보가 주조되었습니다. 이 시기에 주조된 조선통보는 서체를 해서체에서 팔분서체로 변경하여 새롭게 제작되었습니다. 그러나 여전히 백성들 사이에서 거래 수단으로 정착되지 못했고 주조량이 충분하지 않아 결국 사용이 중단되었습니다.

조선통보 팔분서체

가장 오랫동안 사용된 주화, 상평통보

상평통보는 조선 숙종 때에 발행되어 고종 때까지 약 200여 년간 전국적으로 유통된 조선 시대의 대표적인 화폐입니다. 조선은 꾸준히 주화를 유통시키려 했으나 번번이 실패했습니다. 그러나 임진왜란 이후 인구가 급증하여 생산력이 증대되고, 대동법 시행의 확대로 세금을 걷는 법이 정비되면서 화폐의 발달이 촉진되었습니다.

상평통보의 앞면과 뒷면

화폐의 통용은 상공업 발달과 재정 확충에 도움이 되었지만 문제도 생겼습니다. 1866년, 흥선대원군은 경복궁을 중건하는 데 필요한 재원을 마련하기 위해 상평통보 당백전을 발행했습니다. 이 당백전에 기존 상평통보보다 100배에 달하는 가치를 부여해 정부는 단기간 내에 거액을 충당할 수 있었습니다. 하지만 시장에는 물가 급상승과 화폐유통 질서의 혼란을 초래했습니다. 이에 따라 백성들의 불만이 커졌고, 결국 당백전의 주조는 금지되었습니다.

수업? 재미 up! 흥미 up!

핵심 쏙쏙

▣ 우리나라에서 실물이 남아있는 가장 오래된 화폐는 무엇입니까?

▷ 건원중보 입니다.

▣ 물건을 살 때 화폐를 사용하지 않고, 쌀과 바꾸어야 한다면 어떤 점이 불편 했을까요?

▷ 쌀은 무거워서 들고 다니기 어려웠을 것 같습니다.

▷ 사람마다 생각이 달라 쌀의 양을 다르게 책정하여 흥정하기 어려웠을 것입니다.

▣ 건원중보와 조선통보가 널리 유통되지 못하고 사라진 이유는 무엇일까요?

▷ 백성들 사이에서는 물물교환을 하고 있었습니다.

▷ 주조량이 적어서 교환 수단으로 정착되지 못했습니다.

▣ 조선 후기 상평통보가 전국적으로 유통될 수 있었던 까닭은 무엇일까요?

▷ 임진왜란 이후 인구가 늘어 생산력이 향상 되었습니다.

▷ 대동법이 시행되면서 상공업이 발달했기 때문입니다.

흥미 솔솔

▣ 조선에 변화를 불러온 대동법

공납은 세금을 각 지역의 토산물로 내게 하는 제도였습니다. 나라에서 필요한 물건을 미리 마을 단위로 배분한 후, 이를 걷는 방식이었습니다. 그러나 해당 지역에서 생산되지 않는 물건이 배정되거나 과도한 양이 할당되어 백성들은 고통을 겪었습니다.

대동법은 토지를 가진 면적에 따라 세금을 쌀로 내게 하는 제도입니다. 백성들로부터 쌀을 걷은 후, 이를 이용해 나라에서 필요한 물건을 사는 방법이었습니다. 대동법이 시행되며 세금 제도가 개선된 것은 물론 시장과 상공업이 발달하였습니다.

▣ 함께 보면 좋은 영상

백성을 살린 세금 개혁, 대동법(4분 6초)

우리나라에서 가장 오래된 화폐, 건원중보

1. 물음에 답해봅시다.

1) 고려 시대와 조선 시대에 화폐가 정착되기 어려웠던 이유는 무엇일까요?

( )

2) 화폐가 전국적으로 유통되며 조선 시대에는 어떤 변화가 생겼을까요?

( )

2. 가로세로 낱말 퀴즈를 풀어봅시다.

1					2			3		
		4								
		5								
									6	
							7			

〈가로 문제〉

1. 쇠붙이를 녹여 만든 화폐
3. 중국 역사의 왕조로 고려의 건원중보는 이 나라의 것을 참고하여 만듦.
4. 고종의 아버지
5. 조선 후기 만들어져 200여 년간 유통된 주화
7. 조선 초기 세종 때 만들어진 조선 최초의 주화

〈세로 문제〉

1. 녹인 쇠붙이를 거푸집에 부어 물건을 만듦. 동전을 ○○함.
2. 고려 시대에 만들어진 우리나라 최초의 주화
3. 조선 후기 경복궁 중건을 위해 재정을 확충하려고 발행한 화폐
5. 임진왜란 이후 인구가 늘고 화폐경제가 활발해지며 ○○○이 발달했다.
6. 화폐나 물품 따위가 세상에서 널리 쓰임.

인물의 성격이 생생하게 드러나는

37. 하회탈

양반탈 3D 복원모습(나무, 고려 시대)

하회탈은 현존하는 가장 오래된 탈놀이 가면입니다. 11개가 전해지는데, 위 사진에 웃고 있는 탈은 양반탈입니다. 하회탈은 경상북도 안동시 하회마을과 그 이웃인 병산마을에 전해 내려오는 탈입니다. 하회마을은 역사적 가치가 뛰어나 유네스코 세계유산으로 등재되었습니다.

하회마을에서는 예로부터 매년 정월 대보름에 별신굿을 했습니다. 별신굿이란 마을의 수호신인 성황신께 마을의 평화와 농사의 풍년을 비는 굿입니다. 별신굿을 할 때 성황신을 즐겁게 해 드리기 위해 하회탈을 쓰고 탈놀이를 했다고도 전해집니다. 하회탈은 역사 깊은 마을에서 탈놀이라는 살아있는 문화와 함께 전승되고 있어 그 가치가 더욱 큽니다.

각시탈

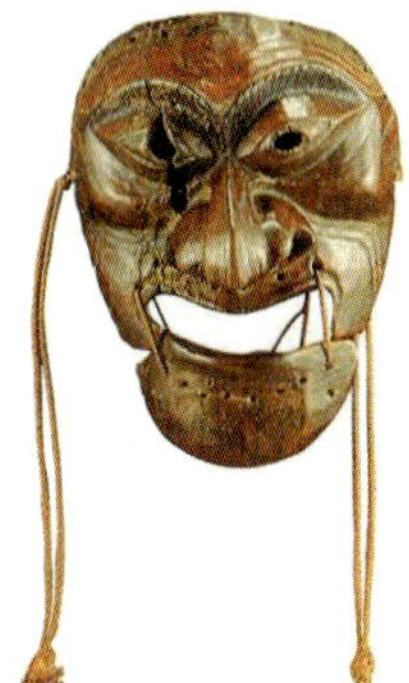
선비탈

부네탈

백정탈

이매탈

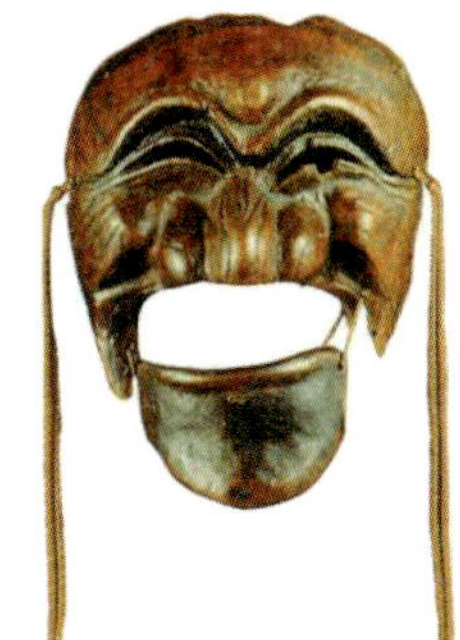
중탈

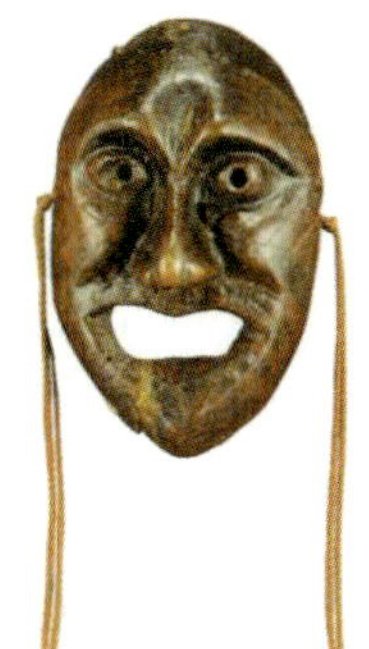
할미탈

초랭이탈

인물마다 성격과 특징이 생생하게 드러나는 탈

하회탈은 양반탈, 각시탈, 선비탈, 부네탈, 백정탈, 이매탈, 중탈, 할미탈, 초랭이탈과 2개의 주지탈로 총 11개가 남아있습니다. 하회탈은 신분 및 배역에 따라 인물의 특징과 성격이 생생하게 드러나도록 만들어졌습니다. 하회탈은 입체적이고 조각 기술이 뛰어납니다. 양반탈, 선비탈, 백정탈, 이매탈은 말을 할 때 턱 부분이 움직여지도록 만들어져 실제 얼굴의 움직임처럼 실감나게 보입니다.

오랜 역사 동안 보존될 수 있었던 비결

하회탈은 아주 오래전에 만들어졌지만 잘 보존되어 있습니다. 하회마을에 살았던 집안들의 기록을 통해 고려 후기에 허씨 성을 가진 사람이 만든 것으로 추측됩니다. 하회탈이 오랫동안 보존될 수 있었던 비결은 재료, 제작 방법, 그리고 보관 방법에 있습니다. 탈 중에는 바가지나 종이로 만든 것도 있지만 하회탈은 버드나무로 만들어졌습니다. 나무로 만든 후 그 위에 옻칠을 두세 겹 해 뚜렷한 색을 오래 유지할 수 있었습니다. 또한 옛날 하회마을 사람들은 별신굿에 사용되는 탈을 신성하게 여겨 정성을 다해 보관했습니다. 덕분에 하회탈이 오늘날까지 전해질 수 있었습니다.

수업? 재미 up! 흥미 up!

핵심 쏙쏙

▣ 하회탈은 어느 지역에 전해져 내려오는 유물인가요?

▷ 경상북도 안동시 하회마을의 유물입니다.

▣ 하회탈은 언제 쓰이는 유물인가요?

▷ 하회 별신굿 탈놀이를 할 때 쓰이던 유물입니다.

▷ 마을의 수호신인 성황신께 마을의 평화와 농사의 풍년을 빌며 별신굿을 하고, 성황신을 즐겁게 하기 위해 탈놀이를 합니다.

▣ 하회탈은 총 몇 개가 남아있나요?

▷ 11개가 남아있습니다.

▣ 하회탈이 오래 보존될 수 있었던 까닭은 무엇일까요?

▷ 나무에 옻칠을 했기 때문입니다.

▷ 옛날 사람들이 별신굿에 쓰던 탈을 신성하게 여겨 정성을 다해 보관했기 때문입니다.

▣ 하회탈은 어떻게 생겼나요?

▷ 역할, 인물의 특징이 잘 드러나게 실감나는 모습입니다.

흥미 솔솔

▣ **하회 별신굿 탈놀이(하회탈춤) 장면**

인물의 성격이 생생하게 드러나는, 하회탈

1. 하회탈에 대한 알맞은 설명을 <보기>의 낱말을 활용하여 완성해 봅시다.

<보기>
안동, 성황, 고려, 특징

① 하회탈은 시대에 살던 허씨 성을 가진 도령이 만든 것이라고 추측됩니다.

② 하회탈은 경상북도 의 하회마을에 전해져 내려오는 유물입니다.

③ 하회탈은 현재 11개가 남아있으며, 각 탈의 생김새에는 인물과 역할의 이 잘 드러납니다.

④ 하회탈은 마을의 수호신인 님께 마을의 평화를 비는 별신굿을 할 때 사용되었습니다.

2. 하회탈은 하회 별신굿 탈놀이를 할 때 쓰였습니다. 탈의 생김새는 인물의 역할과 특징에 맞게 표현되었습니다. 탈을 쓴 사람들은 어떤 동작을 했을지 떠올리고, 탈 아래 동작을 그림으로 표현해 봅시다.

양반탈

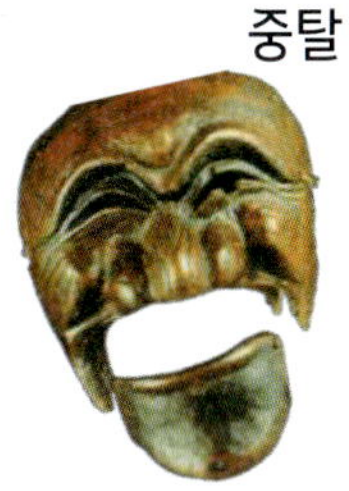
중탈

각시탈

조선 시대 아름다운 연회장

38. 경회루

경회루(조선 시대 건축물)

경복궁 근정전 서북쪽 연못 안에 세운 경회루는 나라에 경사가 있거나 사신이 왔을 때 연회를 베풀던 곳으로 가뭄 때는 연못가에서 비를 기원하는 기우제를 지내기도 했습니다.

경복궁을 처음 지을 때의 경회루는 작은 규모였으나, 조선 태종 12년(1412)에 연못을 넓히면서 크게 다시 지었습니다. 그 후 임진왜란으로 불에 타 돌기둥만 남은 상태로 유지되어 오다가 270여 년이 지난 고종 4년(1867) 경복궁을 다시 지으면서 경회루도 다시 지었습니다. 연못 속에 잘 다듬은 긴 돌로 둑을 쌓아 네모반듯한 섬을 만들고 그 안에 누각을 세웠으며, 돌다리 3개를 놓아 땅과 연결되도록 하였습니다.

경복궁 경회루는 우리나라에서 단일 평면으로는 규모가 가장 큰 누각으로, 간결하면서도 호화롭게 장식한 조선 후기 누각 건축의 특징을 잘 나타내고 있는 소중한 건축 문화유산입니다.

경회루의 각 부분들

경회루는 앞면 7칸과 옆면 5칸의 2층 건물로, 지붕은 옆면에서 볼 때 여덟 팔(八) 자 모양을 한 팔작지붕입니다.

예전 누각의 돌기둥에는 화려하게 용 문양을 조각했다고 전해지나, 임진왜란으로 소실된 이후 고종 대에 다시 지으면서 지금과 같이 간결하게 바깥쪽에는 네모난 기둥을, 안쪽에는 둥근 기둥을 세웠습니다.

1층 바닥에는 네모난 벽돌을 깔고 2층 바닥에는 마루를 깔았는데, 마루의 높이를 3단으로 각각 달리하여 지위에 따라 맞는 자리에 앉도록 하였습니다.

경회루를 둘러싼 둥근 연못은 하늘을 본뜬 것이며 연못 안의 네모난 기단은 땅을 본뜬 것으로 기둥 하나, 돌 하나가 모두 이상 세계를 추구하며 만들어졌습니다.

돌다리 3개로 땅과 연결함

경회루 1층 돌기둥(땅과 하늘을 상징)

경회루 2층 왕의 공간에서 바라본 풍경

이견문에서 바라본 경회루
(남쪽 돌다리와 왕의 길인 어도, 2층으로 연결되는 계단의 모습)

1층에서 2층으로 올라가는 계단부

수업? 재미 up! 흥미 up!

핵심 쏙쏙

▣ 경회루는 어떤 건물인가요?

▷ 나라에 경사가 있거나 사신이 왔을 때 연회를 베풀던 곳으로 가뭄 때는 연못가에서 비를 기원하는 기우제를 지내기도 했습니다.

▣ 경회루는 어디에 있나요?

▷ 경복궁 근정전 서북쪽 연못 안에 있습니다.

▣ 경회루는 언제 만들어졌나요?

▷경복궁을 지을 때 경회루는 작은 규모였지만, 조선 태종 12년(1412)에 연못을 넓히면서 크게 다시 지었습니다. 그 후 임진왜란으로 불에 타 돌기둥만 남은 상태로 유지되어 오다가 270여 년이 지난 고종 4년(1867) 경복궁을 다시 지으면서 경회루도 다시 지었습니다.

▣ 경복궁은 어떤 가치를 가지고 있나요?

▷ 우리나라에서 단일 평면으로는 규모가 가장 큰 누각으로, 간결하면서도 호화롭게 장식한 조선 후기 누각 건축의 특징을 잘 나타내고 있는 소중한 건축 문화유산입니다.

흥미 솔솔

▣ 경회루 연못에 용이 있었다고요?

1997년 가을, 경복궁 경회루 연못에서 용이 발견되었습니다.

연못 바닥에 모래나 흙 등이 쌓이기 때문에 그것을 걷어내는 공사를 했는데, 연못 북쪽의 작은 정자인 하향정 밑에서 청동으로 만든 용이 발견된 것입니다.

용은 길이 1m 46cm에 무게 70kg이 넘는 크기로 성인 네 명이 겨우 운반할 수 있을 정도로 거대했습니다. 누가, 왜, 청동용을 경회루 연못에 넣은 것일까요?

용이 물의 신이라고 여겨져서 궁궐의 화재를 예방하려는 주술적인 의미가 있는 것 같고, 경회루 연못에 용을 두 마리 넣었다는 기록이 있다고 합니다. 당시 발견된 청동용은 고궁박물관에 보관되어 있습니다.

▣ 함께 보면 좋은 영상

경복궁의 동물 이야기 1(10분 24초)
경복궁에는 용이 산다 / 국가유산채널

조선 시대 아름다운 연회장, 경회루

▣ 경복궁 곳곳에 숨겨진 비밀! 하나씩 밝혀 볼까요?

<보기> 왕, 어도, 땅, 하늘, 궁궐

1. 돌다리 3개의 의미

경회루로 들어가는 다리는 3개입니다. 가장 처음 보이는 다리가 가장 넓고 들어가는 문도 크고 높고 화려합니다.

오직 [ㅇ]만이 들어갈 수 있고 왕의 길인 [ㅇ][ㄷ]가 연결되어 있습니다.

중간 다리는 왕세자와 종친들이, 마지막에 있는 다리는 신하들이 다녔다고 합니다.

2. 경회루 1층 장초석의 의미

경회루 1층의 돌기둥인 장초석입니다. 바깥쪽에는 네모난 기둥을, 안쪽에는 둥근 기둥을 세웠습니다.

네모난 기둥은 [ㄸ]을 의미합니다. 둥근 기둥은 [ㅎ][ㄴ]을 의미합니다.

기둥은 총 48개가 있다고 합니다.

3. 경회루 2층 마루 높이의 의미

3단

2단

1단

경회루 2층의 바닥은 마루로 되어있습니다. 가운데로 갈수록 한 단씩 높아집니다.

경회루는 연회를 하며 많은 사람이 모였지만 가장 가운데, 가장 높은 3단 위치의 장소는 [ㅇ]의 전용 공간이었다고 합니다.

4. 경회루 지붕 마루 위에 얹어 놓은 잡상의 의미

잡상은 인물이나 동물 모양으로 만들어지는데 화재나 액운을 막는 주술적인 의미가 있고, 잡상은 [ㄱ][ㄱ]과 관련된 건물에만 설치할 수 있습니다.

왕과 왕비의 영혼을 모시는 경건한 곳

39. 종묘

종묘 정전의 여름과 가을의 모습(서울시 종로구, 조선 시대)

종묘는 조선 시대 왕과 왕비, 황제와 황후의 신주를 모시고 제사를 지내는 사당입니다. 신주란 돌아가신 분의 이름 등을 쓴 작은 나무판으로, 사람들은 신주에 돌아가신 분의 혼령이 깃들어 머문다고 생각했습니다. 조선의 첫 번째 왕인 태조 이성계가 1395년에 종묘를 세웠습니다. 임진왜란 때 전쟁의 피해를 입고 불에 타, 지금의 종묘는 광해군 때인 1608년에 다시 지은 것입니다.

가운데 길의 높이가
약간 더 높습니다.
왜 길의 높이가 다를까요?

조금 더 높게 만들어진 길은
신이 다니는 길인 '신로' 입니다.
신로는 왕도 함부로 밟지 않았습니다.

정전의 복도 모습입니다.
좌우로 길게 지어진 정전의
각 실에는 무엇이 있을까요?

조선 시대 왕과 왕비의
영혼을 기리는 신주가
모셔져 있습니다.

왕과 왕비의 신주를 모시는 공간, 정전과 영녕전

종묘에는 숲으로 둘러싸여 있는 여러 개의 건물이 있습니다. 그중 정전은 왕과 왕비의 신주가 모셔진 곳으로 종묘에서 가장 큰 건물입니다. 양 옆으로 긴 정전에는 19칸의 방이 있고 각 실에는 조선의 왕 19분, 왕비 30분의 신주가 모셔져 있습니다. 영녕전에도 왕과 왕비의 신주가 모셔져 있습니다. 이 외에도 종묘에는 관리들이 제사와 관련된 업무를 보는 곳, 제사 준비를 하는 곳 등 다양한 건물이 있습니다. 종묘의 건물들은 반듯하게 배열되어 있고 화려한 장식 없이 검소하고 단순합니다. 건물에는 최소한의 색만 사용했고, 단청을 칠하지 않았습니다. 조상의 영혼을 모시는 곳으로 엄숙하고 경건한 분위기를 만들고자 하였기 때문입니다. 소박하지만 각 실이 양 옆으로 길게 이어져 압도적인 규모에서 위엄이 느껴집니다.

역사 깊은 왕실 제사 의식, 종묘와 종묘제례악

종묘에서는 매년 5월 첫 번째 일요일 조선 왕실 조상께 제사를 지내는 '종묘제례'를 합니다. 이때 음악을 연주하고 무용을 하는데 이를 '종묘제례악'이라고 합니다. 종묘제례와 종묘제례악은 조선 시대부터 지금까지 이어지고 있습니다. 엄숙한 제사 의식에 어울리는 종합 예술로 인정받아 유네스코 무형문화유산으로 지정되었습니다.

종묘는 건물 배치와 건축 양식이 원래 형태를 잘 유지하고 있고, 역사 깊은 왕실 제사 의식이 지금도 이어지고 있습니다. 이러한 가치를 인정받아 1995년 유네스코 세계유산으로 지정되었습니다.

수업? 재미 up! 흥미 up!

핵심 쏙쏙

▣ 종묘는 누가 언제 만든 것일까요?

▷ 조선 시대 첫 번째 왕인 태조 이성계가 만든 것입니다.

▣ 종묘는 무엇을 하던 곳일까요?

▷ 조선 시대 왕, 왕비, 황제, 황후의 신주를 모시고 제사를 지내던 공간입니다.

▣ 종묘에는 어떤 건물들이 있을까요?

▷ 왕, 왕비의 신주를 모시는 건물인 정전, 영녕전이 있습니다.

▷ 그 밖에 제사를 준비하는 건물, 조선 시대 관리들이 제사와 관련된 업무를 보던 건물이 있습니다.

▣ 종묘제례와 종묘제례악은 무엇인가요?

▷ 조선 시대 왕, 왕비를 기리는 제사 의식을 종묘제례라고 합니다.
이때 음악을 연주하고 무용을 하는데 이를 종묘제례악이라고 합니다.

흥미 솔솔

▣ 토지의 신과 농사의 신께 제사를 올리는 사직단

종묘는 조선 시대 왕과 왕비의 영혼을 기리는 곳이고, 사직단은 땅(토지)의 신과 곡식(농사)의 신께 제사를 올리는 곳입니다.

사직단(서울시 종로구, 조선 시대)

▣ 함께 보면 좋은 영상

조선 왕실의 궁중 음악의 정수!
종묘제례악(4분 49초)

왕과 왕비의 영혼을 모시는 경건한 곳, 종묘

1. 종묘에 대한 알맞은 설명을 <보기>의 낱말을 활용하여 완성해 봅시다.

> <보기>
> 태조, 제사, 신주, 정전

① 종묘는 조선 첫 번째 왕인
이성계가 세운 것입니다.

② 종묘는 조선 시대 왕과 왕비의
를 모시며, 그 영혼을 기리고
제사를 지내던 사당입니다.

③ 종묘에서는 매년 조선 시대 왕과
왕비를 기리는 의식인
종묘제례와 종묘제례악을 합니다.

④ 종묘에서 가장 큰 건물은
왕과 왕비의 신주를 모시는 공간인
입니다.

2. 오른쪽 설명을 보고, 가로세로 낱말 퀴즈를 풀어봅시다.

1		2						
						4		
	3							5
6								
							7	
8								

〈가로 문제〉

1. 조선 왕실 조상께 제사를 지내는 '종묘제례'를 하며, 음악을 연주하고 무용을 하는 것
3. 종묘는 왕실 제사 의식이 오래 이어지고 있고, 원래의 건물 형태를 잘 유지하고 있어서 이것에 지정되었다. 이것은?
6. 무구정광대다라니경은 어느 시대 유물인가?
7. 종묘에서 가장 큰 건물
8. 국립중앙박물관에 전시되어 있는, 고려 시대 대리석 석탑의 이름은?

〈세로 문제〉

2. 돌아가신 이를 기리며 음식을 바치거나 정성을 다하여 하는 의식
4. 조선 첫 번째 왕 태조 ○○○
5. '산수무늬벽돌'이라고도 하는 백제의 유물
6. 돌아가신 분의 이름 등을 쓴 작은 나무판
8. 종교의 가르침을 적은 책, 문서

조선의 시간을 알린
40. 자격루

창경궁 자격루(조선 시대)

자격루는 물을 이용하여 시간을 측정하고 알리는 자동 알람시계로, 세종 때 만들어진 조선 시대의 독창적인 발명품입니다.

당시 조선은 명나라의 절기와 시간을 사용했습니다. 농사를 지을 때에는 절기와 시간을 아는 것이 매우 중요했습니다. 계절의 변화에 따라 해야 할 일이 달라졌기 때문입니다.

하지만 중국의 기후와 명칭이 우리나라와 맞지 않아 불편한 점들이 많았습니다.

세종은 이를 정확히 측정하고 알리기 위해 천문관측을 강화하고 장영실에게 시계를 만들도록 하였습니다. 그때 만들어진 물시계가 바로 자격루입니다.

자격루는 시간을 측정하는 장치와 시간을 알리는 장치로 나뉘어 있습니다. 일정한 시간마다 징과 북, 종 등의 소리를 내어 사람들에게 시간을 알려주었습니다. 현재 창경궁에 시간을 측정하는 부분의 일부 장치만이 남아있습니다.

자격루의 시간을 알리는 원리

③ 기둥에 물이 차면 막대가 떠올라 구슬을 아래로 떨어트린다.

① 파수호: 물을 흘려 보내는 세 개의 항아리. 마지막 항아리에서 물이 일정한 양과 속도로 빠져 나간다.

④ 떨어진 구슬이 길을 타고 굴러가 장치를 치면 인형들이 북, 징, 종을 울려 시간을 알린다.

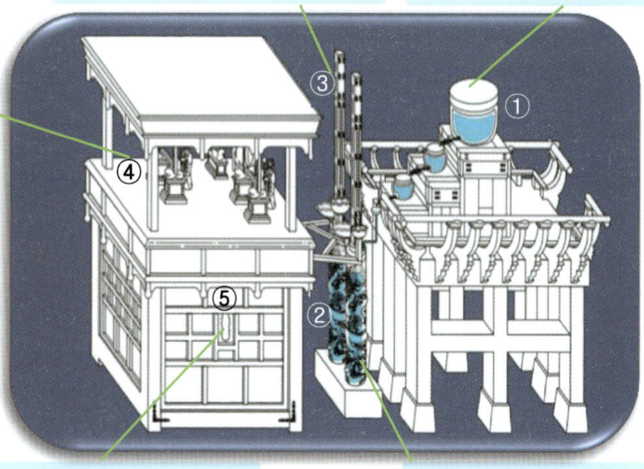

⑤ 12간지 동물*을 나타낸 인형이 해당 시간마다 등장하여 현재 시각을 알린다.

② 수수호: 물을 받는 항아리. 한 개의 기둥에 물이 꽉 차면 그것을 비우는 동안 사용할 여분의 기둥이 필요했다.

복원된 자격루의 모습을 국립고궁박물관에서 볼 수 있어요.

자격루 복원품

신분에 관계없이 인재를 등용한 세종대왕

장영실은 자격루뿐만 아니라 해시계인 앙부일구와 강우량을 측정하는 측우기 등 새로운 기구를 많이 발명한 사람입니다. 세종대왕은 장영실이 관직에 오를 수 없는 노비 출신이었지만 중국으로 유학을 보내 기술을 배우게 하고, 벼슬을 주어 연구를 할 수 있는 기회를 주었습니다. 이러한 지원 덕분에 장영실은 조선의 과학과 기술을 발전시키는 데 중요한 역할을 하게 되었습니다.

*12간지 동물: 쥐, 소, 호랑이, 토끼, 용, 뱀, 말, 양, 원숭이, 닭, 개, 돼지의 열두 마리 동물

수업? 재미 up! 흥미 up!

핵심 쏙쏙

▣ 자격루는 언제 누가 만들었나요?

▷ 조선 시대 세종 대에 장영실이 만들었습니다.

▣ 자격루의 쓰임새는 무엇이었나요?

▷ 시간을 알리는 도구였습니다.

▣ 자격루는 어떻게 시간을 측정하고 알렸습니까?

▷ 물의 양을 일정하게 흘려 보내어 기둥에 물을 채우도록 했습니다. 그리고 기둥에 물이 차면 구슬이 떨어져 징, 북, 종을 쳐서 소리가 나게 하였습니다.

▷ 소리가 날 때마다 12간지의 열두 동물의 인형이 등장하여 시각을 알렸습니다.

▣ 조선 시대에 우리나라에 맞는 시간을 알아내는 것이 왜 중요했나요?

▷ 계절의 변화에 따라 농사를 지으며 해야 할 일들이 달라지기 때문에 우리나라에 맞는 정확한 시간을 알아내는 것이 중요했습니다.

흥미 솔솔

▣ **12간지로 시간을 읽는 방법을 알아봅시다.**

시	해당 동물	나타내는 시간	시	해당 동물	나타내는 시간	시	해당 동물	나타내는 시간
자	쥐	23시~1시	진	용	7시~9 시	신	원숭이	15시~17시
축	소	1시~3시	사	뱀	9시~11시	유	닭	17시~19시
인	호랑이	3시~5시	오	말	11시~13시	술	개	19시~21시
묘	토끼	5시~7시	미	양	13시~15시	해	돼지	21시~23시

▣ **함께 보면 좋은 영상**

조선의 혁신적인 물시계, 자격루(3분 36초)

조선의 시간을 알린, 자격루

1. 자격루는 물을 이용하여 시간을 측정하고, 종과 북소리로 등으로 그것을 알리는

입니다.

2. 좌의정과 우의정이 임금님 앞에 도착한 시각을 시계에 나타내시오.

지금은 조선 시대. 좌의정과 우의정이 궐에 도착했습니다.
"이보게 좌의정, 전하께서 늦지 않게 오라고 하셨네."
"그래, 진시를 알리는 자격루의 종이 울릴 때 오라고 하셨으니 서두르세."
두 사람은 임금님 앞에 자격루의 종이 칠 때 도착할 수 있었답니다.

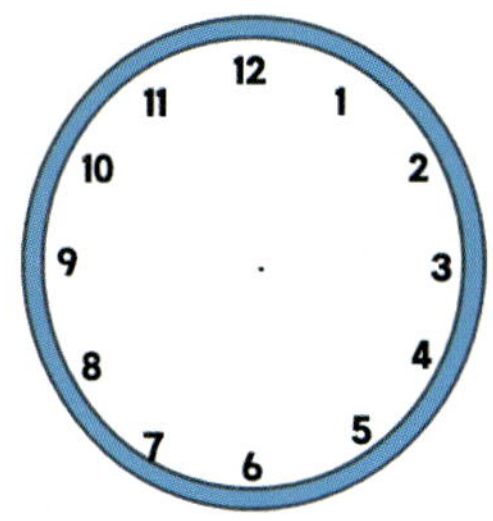

3. 자격루에서 시간을 나타내는 동물들을 찾아서 O를 표시하시오.

토	가	쥐	어	민	계	바	말
자	끼	사	마	창	닭	송	재
구	술	용	장	경	시	소	문
미	지	민	서	원	숭	이	혼
돼	방	물	거	성	성	민	공
격	양	동	호	슬	동	개	전
나	혼	자	리	랑	운	주	의
성	뱀	항	아	구	이	연	사

꿈에서 본 신선세계

41. 몽유도원도

몽유도원도(비단에 수묵담채, 세로 38.7cm, 가로 106.5cm, 조선 시대)

몽유도원도는 조선 시대인 1447년에 화가 안견이 그린 그림입니다. 안견의 대표적인 작품으로 조선 산수화 발전에도 큰 영향을 끼쳤습니다. 몽유도원도는 '꿈에서 본 복숭아꽃 마을 그림'이라는 뜻입니다. 세종대왕의 셋째 아들인 안평대군이 꿈에서 본 아름다운 마을에 대해 안견에게 자세히 들려주었고, 안견은 꿈 이야기를 듣고 이 그림을 그렸습니다. 안평대군은 다양한 분야의 예술에 큰 재능과 관심이 있어, 당시 많은 예술가들의 후원자였습니다.

몽유도원도에는 웅장한 산, 폭포, 한적해 보이는 집, 복숭아꽃들이 그려져 있습니다. 옛날 사람들은 신선들이 사는 세상에 복숭아꽃이 피는 언덕이 있다고 생각하고 이를 무릉도원이라고 표현했습니다.

몽유도원도에는 안견의 그림과 함께 글들이 적혀 있습니다. 안평대군의 글과 시, 신숙주, 박팽년, 성삼문 등 20여 명의 선비들의 글들이 함께 적혀 있습니다. 이 덕분에 이 그림을 통해 조선 시대 서예문화에 대해서도 파악할 수 있습니다.

이 그림은 안타깝게도 지금 우리나라가 아닌 일본에서 보관하고 있습니다.

왼쪽에서부터 오른쪽으로 감상하는 몽유도원도

일반적으로 옛 그림은 오른편에서 시작하여 왼편으로 이어지며 줄거리가 있는데 이 그림은 왼편에서 시작하여 오른편으로 감상해야 합니다. 그림을 그린 안견의 서명도 오른쪽에 있기 때문입니다.

몽유도원도의 왼편에는 흙산이 그려져 있습니다. 오른편에는 돌산과 함께 폭포, 복숭아꽃, 한적한 집이 그려져 있어 그림 왼편의 모습보다 더욱 환상적으로 보입니다. 이 그림은 마치 흙산에서 길을 따라 가다가 돌산 속의 무릉도원에 도착하는 이야기 같기도 합니다. 그림 왼편의 흙산은 정면에서 바라본 모습이고 오른편의 도원은 위에서 아래로 내려다본 각도로 표현되어 있습니다. 그래서 그림이 더욱 입체적으로 느껴집니다.

그림의 왼편에는
무엇이 보이나요?

정면에서 바라본 모습의
흙산이 보입니다.

그림의 오른편에는
무엇이 보이나요?

폭포, 한적해 보이는 집,
복숭아꽃들이 보입니다.
위에서 아래로 내려다본 모습의
돌산이 보입니다.

수업? 재미 up! 흥미 up!

핵심 쏙쏙

▣ 몽유도원도는 누가 그린 그림인가요?

▷ 조선 시대 화가 안견이 그린 그림입니다.

▣ 안견은 어떤 이야기를 듣고 몽유도원도를 그렸나요?

▷ 안평대군의 꿈 이야기를 듣고 몽유도원도를 그렸습니다.

▣ 몽유도원도란 무슨 뜻인가요?

▷ '꿈에서 본 복숭아꽃 마을 그림'이라는 뜻입니다.

▣ 조선 시대 사람들은 신선들의 세상을 어떻게 상상했을까요?

▷ 복숭아꽃이 피는 곳(도원)에 신선들이 산다고 생각했습니다.

▣ 몽유도원도에는 누구의 글이 적혀 있나요?

▷ 안평대군의 시와 글, 안평대군과 가깝게 지내던 선비들의 글이 적혀 있습니다.

흥미 솔솔

▣ **1977년 11월 16일 신문 <드디어 고국땅으로>**

일본으로 반출됐던 몽유도원도를 우리나라에서 곧 되찾을 것이라고 예상하는 소식이 적혀 있습니다. 1977년에 곧 되찾을 것이라 기대했지만, 아직까지도 몽유도원도는 우리나라에 돌아오지 못하고 있습니다.

「夢遊桃源圖」日서 반환
내년8월 돌아와

우리나라에 되돌아오게된 일본天理大 소장「夢遊桃源圖」.

▣ **함께 보면 좋은 영상**

디지털 몽유도원도(5분 9초)

꿈에서 본 신선세계, 몽유도원도

1. 몽유도원도에 대한 알맞은 설명을 <보기>의 낱말을 활용하여 완성해 봅시다.

<보기>
복숭아꽃, 안평대군, 신선세상, 서예문화

① 조선 시대 화가 안견이 　　　　의 꿈 이야기를 듣고, 그린 그림이다.

② 몽유도원도란 '꿈에서 본 　　　　마을 그림'이라는 뜻이다.

③ 몽유도원도에는 안평대군, 당대 사람들의 글도 적혀 있어 조선 시대 　　　　도 파악할 수 있다.

④ 옛 사람들은 　　　　에 복숭아꽃 피는 언덕(도원)이 있다고 생각했다.

2. 조선 시대 화가 안견은 안평대군의 꿈 이야기를 듣고 몽유도원도를 그렸습니다.
그림을 자세히 보며 안평대군은 꿈에 대해 뭐라고 말했을지 상상하여 적어봅시다.

조선의 신분증

42. 호패

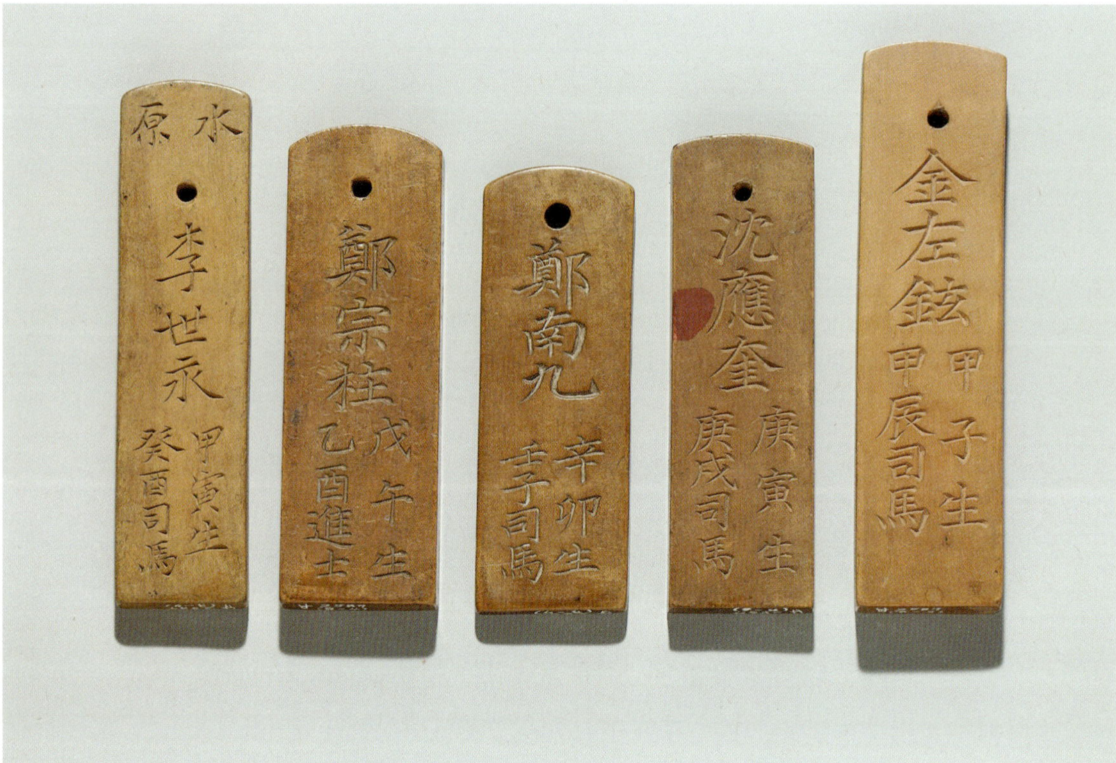

호패(황양목, 가로 약 4.2cm, 세로 약 11cm, 조선 시대)

호패는 조선 시대에 신분을 증명하기 위해 사용한 것으로, 호패법에 따라 16세 이상의 남자들은 양반에서 노비까지 누구나 지니고 다녀야 했습니다. 호패법은 인구수를 파악하고 신분을 증명하며 각종 국역*을 위해 실시되었습니다.

호패는 신분에 따라 내용과 소재가 달랐습니다. 호패의 앞면에는 이름, 태어난 해, 과거에 합격한 해 등 인적사항이 적혀 있고, 호패의 뒷면에는 호패를 발급한 해와 발급한 곳이 적혀 있습니다. 신분이 낮은 경우에는 구체적인 생김새 등이 적혀 있기도 했습니다. 신분에 따라서 2품 이상이면 상아로 만든 아패, 3품 이하이면 뿔로 만든 각패, 생원이나 진사이면 황양목이라는 나무로 만든 황양목패를 사용하도록 하였습니다.

당시에는 신분을 증명할 수 있는 중요한 도구였기 때문에 갖고 다니지 않는 사람은 큰 처벌을 받기도 했습니다. 호패는 그 시대의 신분제도와 사회구조를 보여주는 상징적인 도구이며 조선 시대 사람들이 어떻게 살아갔는지 알 수 있는 중요한 유물입니다.

임금님이 주신 특별한 신분증 마패

마패 앞면, 뒷면(구리, 9.5~11.5cm, 조선 시대)

마패는 조선 시대 관리들이 나랏일을 하러 지방에 갈 때 나라의 말을 빌릴 수 있도록 상서원*에서 발급해 주던 패입니다. 처음에는 나무로 만들었으나, 쉽게 부서지거나 상하여 세종 16년(1434)에는 철로 제작하였고, 이후에는 구리로 만들어 사용하였습니다.

나라의 주요 지역에는 관리들이 머물며 말을 교체할 수 있는 역이 설치되어 있었고, 관리들은 이곳에서 마패를 이용해 말을 빌릴 수 있었습니다. 마패의 한 면에는 관리가 이용할 수 있는 말의 수가 1~10마리까지 새겨져 있으며, 말의 수는 관리의 등급에 따라 달라졌습니다.

왕의 눈과 귀가 되어준 암행어사

조선 후기 마패는 왕의 특별한 명령을 받고 비밀리에 백성들의 삶을 살핀 암행어사의 상징이었습니다. 암행어사는 왕으로부터 암행할 지역과 임무가 적힌 비밀 편지, 암행어사의 할 일을 적어놓은 책, 마패를 받아 지방으로 떠났습니다. 암행어사는 직접 지방의 수령들을 벌하기도 하였고, 지방 관리들의 잘못된 점, 백성들의 어려움 등을 왕에게 자세히 보고하였습니다.

*국역: 나라에서 백성에게 의무적으로 시키는 일
*상서원: 임금의 도장을 담당하는 관청

수업? 재미 up! 흥미 up!

핵심 쏙쏙

▣ 조선 시대 신분증으로 사용된 이 유물의 이름은 무엇인가요?

▷ 호패입니다.

▣ 호패는 누가 사용했을까요?

▷ 16세 이상의 남자들이 사용했습니다.

▣ 호패에는 어떤 것들이 적혀있나요?

▷ 이름, 태어난 해, 발급받은 관청 등이 적혀 있습니다.

▣ 마패는 무엇인가요?

▷ 조선 시대 관리들이 나랏일을 하러 지방에 갈 때 말을 빌릴 수 있도록 발급해 주던 패입니다.

▣ 마패에는 어떤 것들이 나타나 있나요?

▷ 관리가 빌릴 수 있는 말의 수와 마패를 발급해 주던 관청 이름이 있습니다.

▣ 조선 시대 왕의 명령을 받아 비밀리에 백성들의 삶을 살피던 사람을 무엇이라고 하나요?

▷ 암행어사라고 합니다.

흥미 솔솔

▣ 상아로 만든 호패

이 호패는 18세기 문신 김희의 것입니다. 당시에는 법으로 관직이나 신분에 따라 호패를 만드는 재료를 다르게 사용하도록 하였습니다. 상아로 만든 이 호패는 그 당시 규정이 잘 지켜졌다는 것을 알 수 있습니다.

상아로 만든 호패

▣ 함께 보면 좋은 영상

역사채널e 조선판 주민등록증 호패(5분 49초)

조선의 신분증, 호패

1. 호패에 대한 알맞은 설명을 따라가며 목적지에 도착해 봅시다.

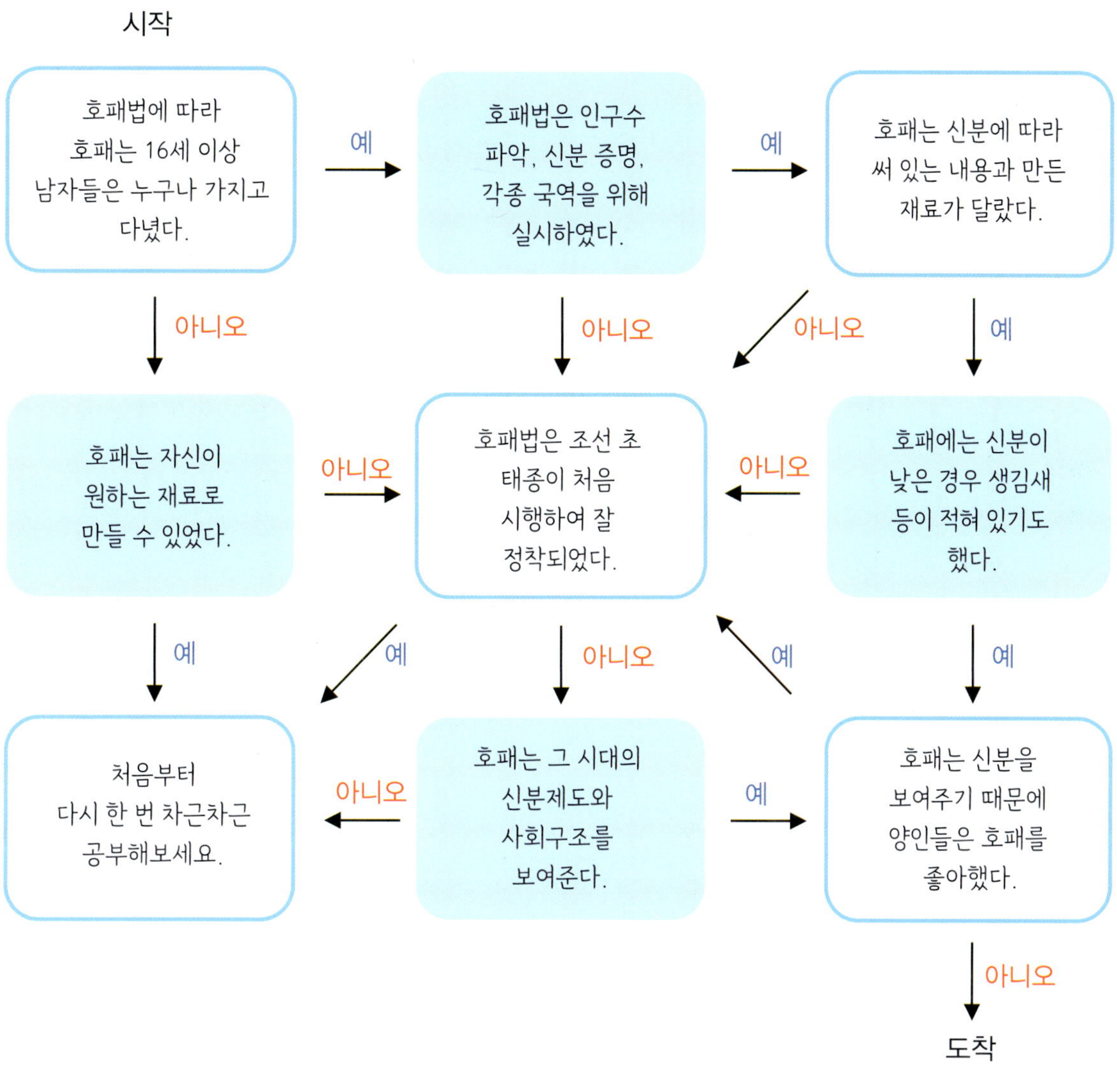

2. 마패와 암행어사에 관한 설명이 맞으면 O, 틀리면 X를 표시하세요

1) 마패에는 빌릴 수 있는 말의 수가 그려져 있다. ( )

2) 마패에 있는 말의 수는 한양에서 지방까지 거리에 따라 달라진다. ( )

3) 조선 후기 암행어사는 왕에게 받은 마패만 들고 다녔다 . ( )

4) 암행어사는 직접 지방 수령들을 벌할 수 있는 권한이 있었다. ( )

자연스러운 아름다움

43. 분청사기 음각어문 편병

분청사기 음각어문 편병(높이 22.6cm, 입지름 4.5cm, 밑지름 8.7cm, 조선 시대)

분청사기는 고려 후기부터 조선 초기에 걸쳐 많이 만들어진 도자기의 한 종류로, 흙으로 도자기 형태를 만든 후 표면을 백토로 분장*한 도자기입니다. 음각은 뾰족한 도구로 글자나 그림을 오목하게 파서 새기는 방법입니다. 어문은 물고기 무늬라는 뜻이고, 편병은 납작하고 둥근 몸통에 짧은 목이 달린 병입니다. 그래서 분청사기 음각어문 편병은 '음각 기법으로 물고기 문양을 새긴 편평한 병'을 뜻합니다. 옛 사람들은 풍요롭고 자손이 많기를 기원할 때 물고기 그림을 활용했습니다. 이 병은 물이나 술을 담는 데 사용했을 것으로 추측됩니다.

*분장: 도자기에 백토(하얀 흙)를 발라 장식하는 기법

어떤 빛깔이 도나요?

회색빛입니다

어떤 방법으로 장식했나요?

도자기의 겉을 뾰족한 도구로 파서 물고기 모양을 새겨 넣었습니다.

분청사기를 장식하는 다양한 기법

분청사기를 분장한 후에는 파거나 긁거나 색을 입히는 등 다양한 방법으로 장식을 합니다. 분청사기를 장식하는 방법은 매우 다양한데, 장식 기법에 따라 도자기 이름이 달라지기도 합니다. 꽃, 물고기, 과일 등 자연스러운 그림을 생동감 있게 장식하였으며 장식 방법은 지역에 따라 다르기도 했습니다.

실용적이고도 아름다운 도자기

분청사기는 실제로 고려 후기부터 조선 초기까지 일상생활에서 사용되었던 도자기입니다. 청자가 유행하던 시기와 백자가 유행하던 시기 사이에 널리 사용되었는데, 청자와 백자보다 제작 방법이 덜 복잡했습니다. 신분이 높은 사람들만 사용한 것이 아니라 백성들도 널리 사용했습니다. 접시, 대접, 술병, 물병, 주전자, 항아리 등 실용적인 도구로 만들어졌습니다. 다양하고 독창적인 기법으로 장식되어 예술적인 가치도 뛰어납니다. 장식들은 인위적이지 않고 자연스러운 멋이 있습니다. 하얀 흙과 유약의 빛깔은 은은하고도 아름답습니다.

장식하는 기법에 따라 이름이 지어진 분청사기

상감 형태를 만든 후 적당히 굳었을 때 무늬를 파내고, 파낸 부분을 다른 흙으로 메꾸는 방법

분청사기 상감 새 대나무 백합무늬 매병
(높이 29.7cm, 조선 시대)

박지 배경만 긁어 무늬 모양의 하얀 흙만 남아있도록 하는 방법

분청사기 박지 모란 넝쿨무늬 편병
(높이 21cm, 조선 시대)

조화 뾰족한 도구로 그림이나 무늬를 새기는 방법

분청사기 조화 모란무늬 납작병
(높이 22.1cm, 조선 시대)

철화 철 성분이 들어간 안료를 이용하여 붓으로 그림을 그리는 방법

분청사기 철화 넝쿨무늬 장군
(높이 20.6cm, 조선 시대)

귀얄 하얀 흙을 바른 거친 붓으로 얇게 칠해 붓자국이 남게 장식하는 방법

분청사기 귀얄무늬 병
(높이 26.4cm, 조선 시대)

인화 무늬를 도장으로 찍고, 홈에 하얀 흙을 넣어 장식하는 방법

분청사기 인화무늬 합
(높이 14.2cm, 조선 시대)

덤벙 그릇 전체를 하얀 흙물에 담그는 방법

분청사기 덤벙 호형주자
(높이 10.5cm, 조선 시대)

수업? 재미 up! 흥미 up!

핵심 쏙쏙

▣ 분청사기는 주로 어느 시대 때 만들어졌을까요?

▷ 주로 조선 초기에 만들어졌습니다.

▣ 분청사기의 장식 기법에는 어떤 것들이 있나요?

▷ 무늬를 파내고 파낸 부분을 다른 흙으로 메꾸는 방법, 배경만 긁어 무늬 모양의 하얀 흙만 남아있도록 하는 방법, 뾰족한 도구로 그림과 무늬를 새기는 방법, 철 성분이 들어간 안료로 그림을 그리는 방법, 하얀 흙을 바른 거친 붓으로 얇게 칠해 붓자국이 남도록 하는 방법, 무늬를 도장으로 찍은 후 홈에 하얀 흙을 넣는 방법, 그릇 전체를 하얀 흙물에 담그는 방법.

▣ 분청사기는 어떤 신분의 사람들이 사용했나요?

▷ 신분이 높은 사람부터 일반 백성에 이르기까지 다양한 사람들이 사용했습니다.

▣ 분청사기 음각어문 편병의 용도는 무엇인가요?

▷ 물병, 술병 등 실제 생활에 이용되었습니다.

흥미 솔솔

▣ 함께 보면 좋은 유물

분청사기는 청자가 유행한 시기와 백자가 유행한 시기 사이에 주로 만들어지고 사용되었습니다.

청자 상감운학문 매병
(높이 41.7cm, 고려 시대)

백자 달항아리
(높이 43.8cm, 조선 시대)

자연스러운 아름다움, 분청사기 음각어문 편병

1. 분청사기 음각어문 편병에 대한 알맞은 설명을 <보기>의 낱말을 활용하여 완성해 봅시다.

<보기>
물고기, 하얀색, 조선, 실용적

① 분청사기 음각어문 편병에는 　　　　 무늬가 새겨져 있습니다.

② 분청사기는 흙으로 도자기 형태를 만든 후 겉에 　　　　 흙을 발라 만듭니다.

③ 분청사기는 고려 후기에서부터 　　　　 초기 사이에 주로 만들고 사용되었습니다.

④ 신분이 높은 사람들뿐만 아니라 백성들 사이에서도 널리 사용된 　　　　 인 도자기입니다.

2. 분청사기를 장식하는 기법은 다양합니다. 장식 기법에 따라 분청사기의 이름이 붙여지기도 합니다. 유물에 알맞은 이름을 선으로 연결해 봅시다.

분청사기 철화 넝쿨무늬 장군	분청사기 박지 모란 넝쿨무늬 편병	분청사기 귀얄무늬 병	분청사기 조화 모란무늬 납작병

달을 닮아 붙여진 이름

44. 백자 달항아리

백자 달항아리(높이 41cm, 입지름 20cm, 밑지름 16cm, 조선 시대)

백자 달항아리는 조선 후기를 대표하는 예술품으로 17세기 후반에서 18세기 중엽, 전쟁 이후 사회적, 경제적으로 어려운 시기에 유행했습니다. 당시에는 '백자 항아리'라고 불리다가 광복 이후 형태가 달처럼 크고 둥글게 보인다고 하여 '달항아리'라는 이름이 붙여졌습니다.

백자 달항아리의 매력은 둥근 형태에서 오는 조형미와 백색의 빛깔에 있습니다. 넉넉하게 둥글면서도 다소 일그러진 몸체는 여유롭고 자연스러워 보입니다. 표면의 빛깔 역시 완연한 백색이 아닌 은은한 우윳빛을 띠어 깨끗하면서도 따뜻한 느낌을 줍니다. 무늬가 없는 둥그런 디자인의 백자 달항아리는 절제와 소박함을 추구했던 조선 시대 사람들의 삶의 기조를 잘 나타냅니다.

백자 달항아리를 만드는 방법

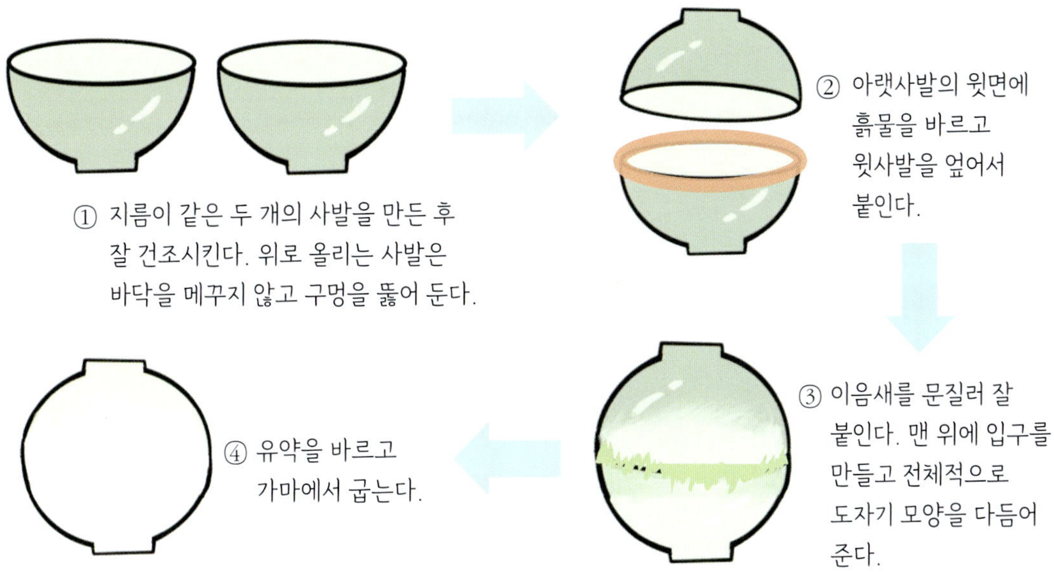

백자 달항아리는 보름달처럼 둥근 몸체를 지닌 도자기입니다. 보통 높이가 40cm를 넘는 크기여서 물레에서 단번에 만들 수 없었습니다. 그래서 큰 사발 두 개를 따로 만들어 위아래로 맞붙여 제작되었습니다. 이 과정에서 두 개의 사발이 완벽히 일치할 수 없었고, 건조하거나 굽는 동안 약간의 틀어짐이 발생했습니다. 그 결과 백자 달항아리는 대칭이 완벽하지 않으며, 맞붙인 부분의 흔적이 여실히 드러나기도 합니다. 그러나 오히려 이런 점이 백자 달항아리를 여러 방향에서 볼 때 각기 다른 모습을 보여주어 자연스럽게 느껴지게 합니다.

빛깔 또한 일정하지 않고 순백색에 미색, 청색 등이 은은하게 섞여 있어 따뜻하고 부드러운 느낌을 줍니다. 이러한 독특한 형태와 색감은 백자 달항아리만의 고유한 아름다움입니다.

백자 달항아리
(높이 46cm, 입지름 20.3cm, 밑지름 15cm, 조선 시대)

백자 달항아리
(높이 43.8cm, 입지름 21.4cm, 밑지름 16.6cm, 조선 시대)

백자 달항아리
(높이 34.3cm, 입지름 14.3cm, 밑지름 12.7cm, 조선 시대)

다양한 색과 기법이 담긴 백자

백자는 색과 만든 기법, 무늬에 따라 이름을 붙이기 때문에 이름만 살펴보아도 백자의 형태를 파악할 수 있습니다. 백색의 단일색을 가진 것은 순백자, 청색의 무늬를 가진 청화백자, 붉은색의 무늬를 가진 진사백자, 흑갈색의 무늬를 가진 것은 철화백자라 합니다.

백자 청화 매화 대나무 새 무늬 항아리
(높이 16.5cm, 입지름 6.2cm, 조선 시대)

백자 청화 산수무늬연적
(높이 12.6cm, 조선 시대)

백자 진사 포도문 환호(높이 21.8cm,
입지름 13.2cm, 조선 시대)

무늬를 새기고 흙으로 메운 기법은 상감, 흙을 덧붙여 무늬를 올린 양각, 표면에 무늬를 새긴 것은 음각, 표면에 구멍을 내어 무늬를 만든 기법은 투각이라 합니다. 그리고 병, 항아리, 호, 대접 등과 같이 도자기의 전체적인 모양에 따라 불리는 명칭이 달라집니다.

백자 병
(높이 36.5cm, 입지름 7.4cm, 조선 시대)

백자 철화 매화 대나무무늬 항아리
(높이 40cm, 몸통 지름 37.9cm, 조선 시대)

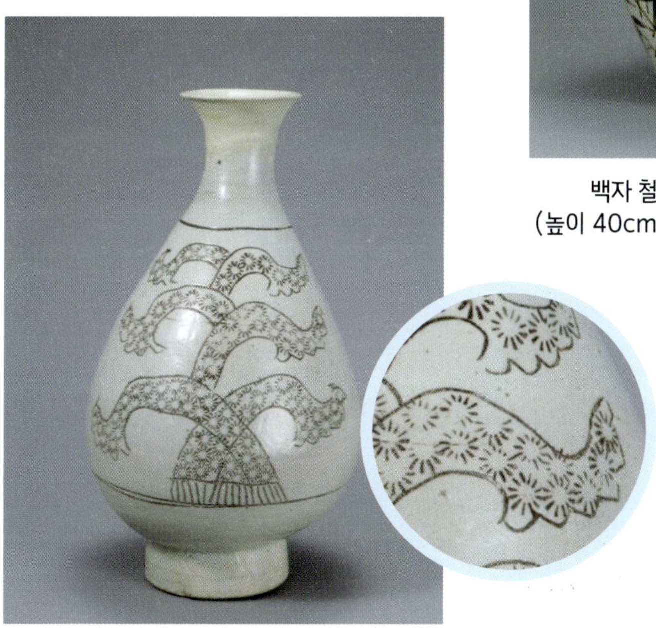

백자 상감 나무무늬 병
(높이 30.6cm, 몸통 지름 18.8cm,
바닥 지름 9.6cm, 조선 시대)

수업? 재미 up! 흥미 up!

핵심 쏙쏙

▣ 원형의 백자 항아리가 '달항아리'라 불리게 된 까닭은 무엇일까요?

▷ 항아리의 모양이 보름달처럼 크고 둥글기 때문입니다.

▣ 백자 달항아리는 어떤 방법으로 만들 수 있습니까?

▷ 두 개의 지름이 같은 사발을 만들어 위아래로 이어 붙여서 만듭니다.

▣ 백자 달항아리는 완벽한 원형도 깨끗한 하얀색도 아닙니다. 그럼에도 사람들에게 사랑받는 이유는 무엇일까요?

▷ 오히려 자연스럽고 여유로운 느낌을 주기 때문입니다.

▷ 어느 방향에서 보아도 달리 보여 변화를 느낄 수 있기 때문입니다.

▣ 백자에 무늬가 입히면서 다양한 빛깔을 가진 백자들을 볼 수 있게 되었습니다. 어떤 백자가 있습니까?

▷ 푸른 색 무늬의 청화백자, 붉은 색의 진사백자, 흑갈색의 철화백자 등이 있습니다.

흥미 솔솔

▣ 현대 미술가들의 사랑을 받는 백자 달항아리

백자 달항아리는 조선 시대의 유물에서 그친 것이 아니라 계속해서 이어져 현대에도 많이 만들어지고 있습니다. 많은 현대 미술가들이 백자 달항아리의 소박함과 절제미에 주목하여 새로운 달항아리를 계속해서 만들어 내고 있습니다. 또한 팝아트로 재해석하여 달항아리를 모티브로 한 회화 작품도 제작되고 있습니다.

▣ 함께 보면 좋은 영상

달항아리 작가 12년 만에 개인전 '새로운 연결의 미학'(2분 11초)

천상의 컬렉션 달항아리편(4분 16초)

달을 닮아 붙여진 이름, 백자 달항아리

1. 백자 달항아리를 만드는 방법을 설명한 글입니다. 빈칸에 알맞은 말을 넣으세요.

<보기>

문질러, 지름, 유약, 두, 흙물

순서	설명
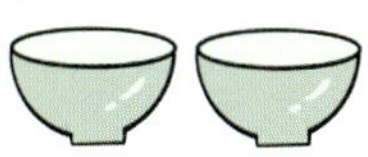	(　　　　)개의 큰 사발을 만든다. 사발들은 (　　　　　　)이 같아야 한다.
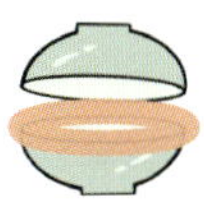	아래에 놓일 사발의 입에 (　　　　　)을 바르고 윗사발을 올린다.
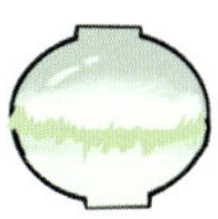	이음새를 (　　　　　　)서 잘 붙인다. 입 부분을 만들고 전체적인 모양을 다듬는다.
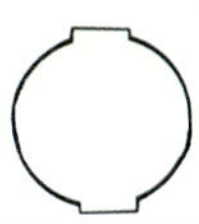	(　　　　)을 바르고 가마에서 굽는다.

2. 다음 세 가지 항목에서 한 가지씩 선택하여 백자를 만들어 봅시다.

전체적인 형태	호	항아리	병	대접
무늬의 색	청화	철화	진사	순백
표현기법	양각	음악	투각	상감

붓으로 내면을 표현한

45. 윤두서 자화상

윤두서 자화상(종이에 채색, 세로 38.5cm, 가로 20.5cm, 조선 시대)

정면을 응시하는 눈빛과 얼굴 전체에서 바깥쪽으로 뻗은 수염이 섬세하게 표현된 이 그림은 윤두서가 자신의 얼굴을 그린 자화상입니다.

종이에 옅게 색칠한 이 그림은 권위와 신분을 드러내는 기존의 자화상에서 벗어나 윤두서의 삶과 당당한 정신 세계를 담아내고 있습니다. 관모를 쓰는 머리 윗부분은 잘라내었고, 내면을 응시하는 듯한 눈빛은 강렬하면서 고요합니다.

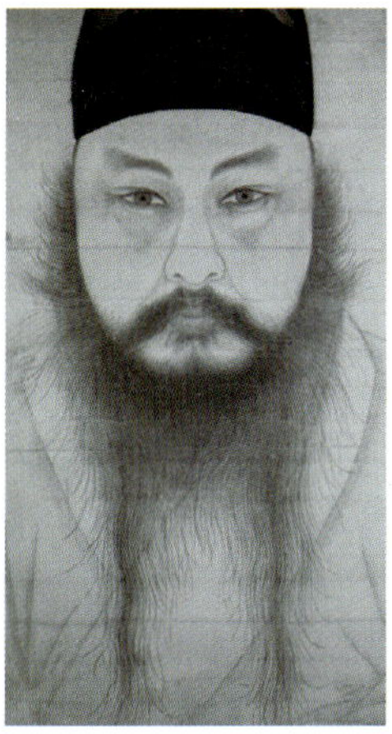

2006년 국립중앙박물관이
촬영한 자화상 사진

윤두서는 자화상을
사실적으로 그렸다는데
몸통은 그리지 않은
걸까요?

1937년 편찬된 『조선사료집진』속 자화상 사진에는 상반신이 표현되어 있었어요. 2006년 국립중앙박물관이 자화상을 과학적으로 촬영하고 정밀 분석한 결과, 옷자락과 귀까지 그려져 있던 것으로 밝혀졌답니다.

공재 윤두서는 어떤 사람이었나요?

공재 윤두서(1668-1715)는 겸재 정선, 현재 심사정과 함께 조선 후기 3대 선비화가로 불립니다. 윤두서는 고산 윤선도의 후손으로 부유한 집안에서 태어나 진사시에도 합격했으나 관직에 나가지 않았습니다.

윤두서는 그림을 그리기 전 대상을 자세히 관찰하고 원래의 모습과 같게 그릴 수 있다는 확신이 들기 전까지는 그림을 그리지 않았다고 합니다. 그가 그린 자화상에 표현된 눈 주변의 붉은 기운, 코와 입 모양, 한 올 한 올 살아 있는 수염은 무척 사실적입니다.

조선 시대의 초상화

조선 시대에는 초상화를 그릴 때 두 가지를 중요하게 여겼습니다. 인물의 마음과 정신세계까지 표현해야 한다는 것과 터럭 하나까지도 똑같아야 한다는 것입니다.

병으로 인한 상처와 흉터, 흉하다고 여겨지는 피부의 잡티까지도 있는 그대로 그려낸 이유는 있는 그대로의 모습을 표현해야 인물의 참된 모습과 내면, 정신세계를 드러낸다고 생각했기 때문입니다.

서직수 초상
(비단에 채색, 세로 148.8cm, 가로 72.4cm, 조선 시대)

허목 초상
(비단에 채색, 세로 72.1cm, 가로 57cm, 조선 시대)

수업? 재미 up! 흥미 up!

핵심 쏙쏙

▣ 윤두서 자화상을 본 첫인상을 이야기해 볼까요?.
 ▷ (각자 자유롭게 이야기해 봅시다.)

▣ 이 그림에서 가장 인상적으로 표현한 부분을 이야기해 볼까요?.
 ▷ 탕건이 잘린 윗부분, 몸통 없이 머리만 그려진 점, 강렬한 눈빛, 위로 솟은 얼굴 옆 수염, 가는 수염 표현 등

▣ 이 그림이 강렬해 보이는 이유는 무엇일까요?
 ▷ 관모를 쓰는 머리 윗부분이 잘려 있습니다.
 ▷ 그림 한가득 얼굴이 정면을 바라보고 눈빛이 강렬합니다 등

▣ 눈가의 주름, 수염 한 가닥까지 자세하게 그린 이유는 무엇일까요?
 ▷ 원래의 모습과 똑같이 표현하고 싶었기 때문입니다.

▣ 윤두서는 자화상을 그릴 때, 자신의 어떤 모습을 표현하고 싶었을까요?
 ▷ 바른 정신과 당당한 모습을 표현하고 싶었을 것 같습니다.
 ▷ 강하면서 올곧은 정신을 표현하고 싶었을 것 같습니다 등

흥미 솔솔

▣ 같은 시기의 서양 자화상

윤두서가 자화상을 그렸던 시기와 비슷한 시기의 서양 화가의 자화상입니다.

윤두서의 자화상과 함께 감상해 볼까요?

렘브란트(1606~1669) 자화상
(캔버스에 유채, 84.4×46cm,
1659, 워싱턴 내셔널 갤러리 소장)

▣ 함께 보면 좋은 영상

역사채널e 자화상-나는 누구인가(4분 42초)

붓으로 내면을 표현한, 윤두서 자화상

1. 윤두서의 자화상을 자세히 살펴봅시다.

1) 첫 인상은 어떠한가요?

2) 가장 인상적으로 표현한 부분은 어디인가요?

3) 이 그림이 강렬해 보이는 이유는 무엇일까요?

4) 눈가의 주름, 수염 한 가닥까지 자세하게 그린 이유는 무엇일까요?

5) 윤두서는 자화상을 그릴 때 자신의 어떤 모습을 표현하고 싶었을까요?

2. 여러분이 자화상을 그린다면 어떤 마음이나 삶의 태도를 표현하고 싶나요?
자신의 자화상을 그려보고 어떤 마음을 표현했는지 이야기해 봅시다.

정선이 그린 금강산의 아름다움

46. 금강전도

금강전도(종이에 먹, 세로 130.8cm, 가로 94.5cm, 조선 시대)

금강전도는 조선 후기 유명한 화가인 정선이 실제 금강산의 모습을 그린 산수화 작품입니다. '산수화'란 산과 강 등의 자연경관을 그린 것이고 그중에서도 금강전도처럼 실제 경치를 보고 그린 그림을 '진경산수화'라고 합니다. 금강전도는 위에서 아래로 내려다본 금강산 봉우리들을 한눈에 보이도록 둥근 구도 안에 그린 그림입니다. 그림의 크기가 크고 표현이 세밀하여 웅장한 금강산의 아름다움이 느껴집니다.

실제 금강산의
모습입니다.

상상 속의 풍경이 아닌 실제 금강산의 모습

정선이 이 그림을 그리기 전에는 우리 강산을 실제로 보고 그린 그림이 흔치 않았습니다. 정선 이전의 화가들은 주로 상상 속의 아름다운 풍경을 그리거나 중국의 산수화를 보고 따라 그렸습니다. 정선은 우리나라 자연을 직접 보고 아름다운 모습을 그리는 진경산수화를 크게 유행시켰습니다.

독창적인 붓 표현으로 그려낸 금강산의 아름다움

정선은 자신만의 독창적인 붓 표현으로 우리나라의 산을 멋지게 그려냈습니다. 그림 오른편의 바위 봉우리들은 우뚝 솟아 보입니다. 붓을 위에서 아래로 내려 그어 거칠고 날카롭게 그렸기 때문입니다. 왼편의 흙산과 나무는 부드러워 보입니다. 붓을 옆으로 눕혀 점을 찍는 방법으로 그렸기 때문입니다. 그림에는 산들이 겹쳐 보이는 모습과 함께 산들이 멀리 있는지 가까이 있는지가 모두 표현되어 있습니다.

그림의 윗부분에는 제목, 작가의 호, 작가가 적은 감상이 적혀 있습니다. "금강산의 봉우리들을 한 폭의 그림에 모두 담았다. 모든 봉우리와 골짜기를 빠짐없이 담았으니, 이제 머리맡에 걸고 실컷 볼 수 있게 되었다."는 내용입니다. 실제 정선은 30대에 처음 금강산을 유람하고 그 후에도 몇 차례 금강산을 보러 갔다고 합니다. 베갯머리에 걸어 두고 실컷 보겠다는 글에서 정선이 금강산을 얼마나 아름답게 여겼는지 알 수 있습니다.

수업? 재미 up! 흥미 up!

핵심 쏙쏙

▣ 금강전도는 언제, 누가 그린 그림일까요?

▷ 조선 시대, 정선이 그린 그림입니다.

▣ 금강전도는 그 이전의 산수화와 어떤 점이 다른가요?

▷ 실제 풍경을 보고 그린 진경산수화입니다.

▷ 이상적인 멋진 풍경을 상상하여 그린 그림이 아닙니다. 중국의 산수화를 보고 그린 그림이 아닙니다.

▣ 금강전도에는 어떤 대상이 어떤 구도로 그려져 있나요?

▷ 둥근 구도 안에 금강산의 봉우리들이 그려져 있습니다.

흥미 솔솔

▣ **함께 보면 좋은 유물**

인왕제색도는 비 온 뒤 안개가 피어오르는 인왕산의 아름다운 모습을 그려낸 그림으로 금강전도와 같은 진경산수화입니다. 반면, 몽유도원도는 꿈꾸고 상상하던 자연풍경을 그린 조선 시대 안견의 산수화입니다.

인왕제색도(세로 79.2cm, 가로 138.2cm, 조선 시대)

몽유도원도(세로 38.7cm, 가로 106.5cm, 조선 시대)

정선이 그린 금강산의 아름다움, 금강전도

1. 금강전도에 대한 알맞은 설명을 <보기>의 낱말을 활용하여 완성해 봅시다.

<보기>
둥근, 실제, 정선, 조선

① 금강전도는 　　　 시대에 그려진 작품이다.

② 금강전도는 　　　 이 금강산의 여러 봉우리를 그린 작품이다.

③ 금강전도는 　　　 자연 풍경의 모습을 그려낸 진경산수화이다.

④ 여러 개의 봉우리들을 　　　 구도로 한눈에 보이게 그렸다.

2. 미로 찾기를 하며 지나가는 글자를 순서대로 적어 아래 빈칸을 완성해 봅시다.

진 ◯ ◯ 수 ◯ ◯ ◯ ◯ 도

조선 후기 화가 김홍도의

47. 씨름

김홍도(1745~1805?) 씨름(종이에 수묵담채, 26.9×22.2cm, 조선 시대 후기)

이 그림은 조선 후기 화원인 김홍도가 그린 「씨름」입니다. 종이 위에 먹물을 이용해 그림을 그리고 옅게 채색을 한 수묵담채화입니다. 그는 풍속화뿐 아니라 산수화, 인물화 등 모든 분야에서 뛰어난 실력을 보여준 화가입니다.

김홍도의 가장 널리 알려진 호는 '단원'입니다. 「씨름」은 김홍도의 풍속화첩인 『단원풍속도첩』의 작품 중 하나이고, 당시 남성들이 좋아했던 놀이인 씨름을 하는 사람들을 중심으로 구경꾼들의 다양한 모습을 실감나게 묘사한 김홍도의 대표작입니다.

단옷날에 남자들은 씨름을 즐겼습니다. 남자가 장가를 가면 머리에 상투를 틀고 장가를 가지 않은 사람은 댕기머리를 했던 모습을 그림에서도 찾아볼 수 있습니다. 배경을 그리지 않아 보는 사람이 쉽게 그림에 집중하게 됩니다.

그림을 자세히 살펴볼까요?

왼쪽 상단에 있는 구경꾼의 모습입니다.

마치 이번 경기가 끝나면 다음 선수로 나가려는 듯, 갓과 신발을 벗어두고 진지한 모습으로 씨름 놀이를 구경하고 있습니다.

이 사람은 씨름 놀이를 한참 전부터 봐왔는지, 거의 누운 자세로 손으로 턱을 괴고 편안하게 보고 있습니다.

한쪽 다리가 들린 사람이 당황한 듯 힘껏 인상을 쓰며 넘어가지 않으려고 상대의 옷을 꽉 잡은 모습이 보입니다.

아래쪽 남자는 이제 조금만 더 하면 이길 수 있을 것 같은 자신감 있는 얼굴입니다.

엿장수는 씨름에는 크게 관심이 없는 듯 다른 곳을 바라보고 있습니다. 자칫 단조로울 수도 있는 그림에서 변화를 주는 요소입니다.

깜짝 놀라 입을 벌린 남자의 오른손이 어색합니다. 화가가 순간의 장면을 빠르게 그리다가 실수한 것일 수도 있습니다.

단원풍속도첩

『단원풍속도첩』에는 김홍도의 '풍속도' 하면 연상이 되는 씨름, 서당, 무동 등 김홍도의 대표작들이 모여 있습니다. 원래 군선도라는 2점의 작품이 추가로 있는데 별도로 족자로 만들고 풍속도 25점만 화첩으로 꾸며서 단원풍속도첩이라고 이름을 붙였습니다.

서당(종이에 수묵담채, 26.9×22.2cm)

무동(종이에 수묵담채, 26.8×22.7cm)

서당은 지금의 학교와 같은 곳이고 가장 크게 그려진 훈장님은 선생님입니다.

가운데에 뭔가 잘못한 듯 쪼그리고 돌아앉아 훌쩍이는 아이가 있습니다.

훈장님의 표정도 아이를 혼내게 되어 속상해 보이는데, 주변 아이들은 혼난 친구를 놀리는 듯한 표정입니다. 다양한 인물들의 생동감 넘치는 얼굴이 잘 표현되었습니다.

사람들이 둥그렇게 둘러앉아 악기를 연주하고 있고, 왼쪽 밑의 어린 아이는 일어서서 춤을 추고 있습니다.

인물들 모두 각자의 연주와 춤에 흥이 났는지, 밝게 웃거나 어깨를 들썩이며 집중하는 것 같습니다.

춤을 추는 아이를 그린 필선이 가장 진하고 활달해 보이며 옷의 색도 선명해서 그림을 보는 사람의 시선을 사로잡습니다.

『단원풍속도첩』은 제목을 통해서 알 수 있듯이 사람들이 일하는 장면, 양반들의 취미생활, 서민들의 놀이 등 여러 가지 생활 모습이 잘 나타나 있습니다. 그림 속 인물들도 아기, 노인, 남자, 여자, 서민, 양반 등 다채롭고 생생합니다.

대체로 배경이 생략되어 있고, 그리고자 하는 소재에만 집중하여 등장인물들의 표정이나 동작만으로 적절한 화면을 이루고 있습니다. 색을 거의 쓰지 않아서 매일의 일상을 그린 이 그림들에 가장 어울리는 기법으로 오히려 주인공들을 더 돋보이게 하는 것 같습니다.

기와이기(종이에 수묵담채, 28×24cm)

활쏘기(종이에 수묵담채, 28×23.7cm)

기와이기는 기와를 이어 나가는 장면을 그린 그림입니다.

지붕 위에 앉아서 밑에서 던진 기와를 받는 사람의 모습, 흙을 지붕으로 올리는 모습, 기둥의 수직을 확인하는 모습, 목수가 대패질하는 모습, 양반이 지켜보는 모습 등이 실감나게 그려져 있습니다.

활쏘기를 배우고 있는 사람의 힘든 인상과 흔들리는 손이 보입니다. 그 뒤로 활 쏘는 법을 가르치는 사람은 진지하고 단호한 자세로 활을 쏘려는 사람의 어깨를 단단히 잡아주고 있습니다.

인물의 역할과 표정에 따른 심리묘사가 잘 표현되어 있습니다.

수업? 재미 up! 흥미 up!

핵심 쏙쏙

▣ 김홍도는 언제 활동했던 화가인가요?

▷ 조선 시대 후기입니다.

▣ 김홍도는 주로 어떤 그림을 그렸나요?

▷ 풍속화뿐 아니라 산수화, 인물화 등 모든 분야에서 뛰어난 실력을 보여준 화가입니다.

▣ 「씨름」에서 경기가 시작된 지 오래 되었음을 알 수 있는 부분은 어디인가요?

▷ 턱을 괴고 누워서 보는 사람이 있습니다.

▷ 다리가 저린지 무릎을 만지는 사람이 있습니다.

▣ 그림에서 어색한 부분이 있나요?

▷ 그림 오른쪽 아래 그려진 남자의 오른손의 방향이 잘못되었습니다.

▣ 혼자서 다른 곳을 바라보고 있는 인물은 누구인가요? 어떤 효과가 있나요?

▷ 엿장수, 씨름 경기에만 중심으로 집중되는 시선에 변화를 줍니다.

흥미 솔솔

▣ 김홍도와 일본의 '도슈사이 샤라쿠'가 같은 사람이라고요?

1794년 5월, 일본의 에도 지역에 갑자기 이전에 보지 못했던 화가가 나타났습니다. 그는 '도슈샤이 샤라쿠'라고 말하면서 활동을 시작했습니다. 기존의 일본 화가들과는 다른 독특한 그림을 그렸는데, 배우 등 인물의 특징을 잘 잡고 그것을 과감하게 강조하는 방법을 사용했습니다

도슈사이 샤라쿠
『3대 오타니 오니지의 얏코에도베』

그런데 샤라쿠의 그림의 필선이 김홍도의 그림과 유사한 부분이 있고, 우연히도 1794년 연풍 현감으로 있던 김홍도가 갑자기 사라져 행방이 묘연하던 그 무렵에 일본에 놀랄만한 그림을 그리는 샤라쿠가 갑자기 나타난 것입니다. 그리고 불과 10개월이란 시간 동안 140여 점의 그림을 남기고 홀연히 사라졌습니다.

물론, 김홍도가 샤라쿠라는 확실한 증거는 없습니다.

김홍도 『군선도』 일부

조선 후기 화가 김홍도의, 「씨름」

▣ 김홍도의 「씨름」입니다. 여러분이 기자가 되어 여기 모인 사람들을 인터뷰했어요. 인물들의 대답을 상상해서 말풍선에 적어보세요. 말풍선을 추가해도 좋아요.

갓도 풀고 신발도 벗으셨네요? 이유가 있으신가요?

자세가 아주 편안해 보이시네요?

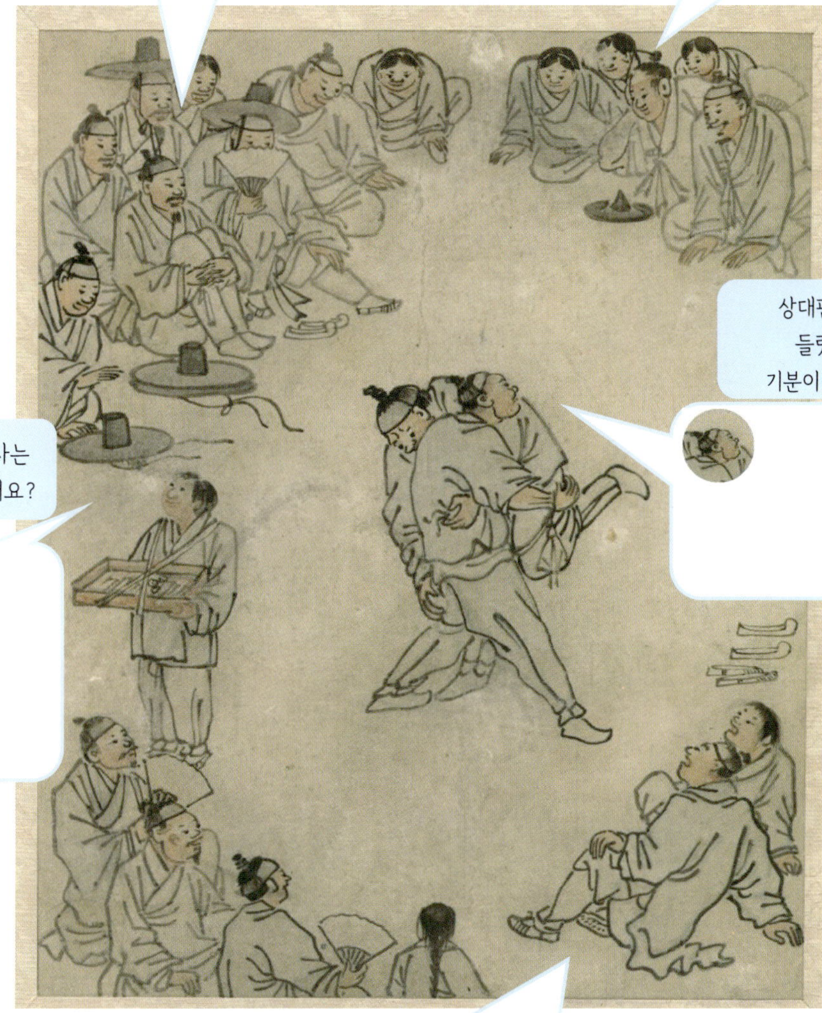

상대편 다리가 들렸네요. 기분이 어떠세요?

오늘 장사는 잘 되셨어요?

손목이 좀 돌아간 것 같은데……. 괜찮으세요?

한반도를 옮겨 담다

48. 대동여지도

대동여지도(각 면 세로 30cm, 가로 20cm, 전체 세로 약 6.7cm, 가로 약 3.8m, 조선 시대)

대동여지도는 조선 후기 철종 12년(1861)에 김정호가 목판으로 새긴 후 인쇄하여 발행한 전국지도입니다. 이 지도는 우리나라 땅의 남북을 22층으로 나누고, 각 층을 동서로 길게 이어 책으로 엮었습니다. 22권의 책을 펼쳐 위아래로 모두 연결하면 가로 약 3.8m, 세로 약 6.7m에 달하는 거대한

지도가 완성됩니다. 이런 형식을 '분첩절첩식'이라고 합니다. 병풍처럼 접는 이 방식은 가지고 다니기 편리하였습니다.

대동여지도는 조선의 지도 발달의 정점이며, 우리나라 역사와 지리 연구에서 중요한 자료로 사용되고 있습니다.

김정호는 어떻게 지도를 만들었을까?

김정호가 전국을 세 번 돌고 백두산을 여덟 번이나 오른 뒤에 대동여지도를 완성했지만, 그 지도를 본 대원군이 나라의 비밀을 누설했다며 김정호를 옥에 가두었다는 이야기를 들어본 적 있나요? 그러나 이 내용들은 최근 여러 연구들로 과장되고 왜곡된 이야기라는 게 밝혀졌습니다.

김정호는 소년 시절부터 지리학에 관심을 갖고, 국가의 중요한 기록들을 비롯하여 여러 자료들을 찾아보며 지도 만드는 법을 연구하여 대동여지도를 만들었습니다.

지도를 목판에 새겨 찍어내면 손으로 옮겨 그릴 때 생기는 실수를 막을 수 있어요. 또한 여러 장을 찍을 수 있답니다.

대동여지도 목판 일부

대동여지도 자세히 보기

대동여지도에는 우리나라의 자연환경이 자세하게 묘사되어 있습니다. 백두산을 비롯하여 여러 산들의 산줄기들을 연결하였고, 굵고 가는 차이를 두어 크기와 높이를 표현하였습니다. 그 사이를 흐르는 하천도 한 줄기는 배가 다닐 수 없는 폭, 두 줄기는 배가 다닐 수 있는 폭으로 표현하였습니다.

또한 사람들이 사는 마을과 도로, 군사 시설 등의 인문환경도 상세하게 나타나 있습니다. 군현 사이의 도로는 10리마다 점을 찍어 거리를 예상할 수 있습니다.

이전에는 글자로 표시하던 주요 지점과 시설들을 '지도표'라는 기호로 나타내었어요. 지금 지도의 범례라고 할 수 있어요.

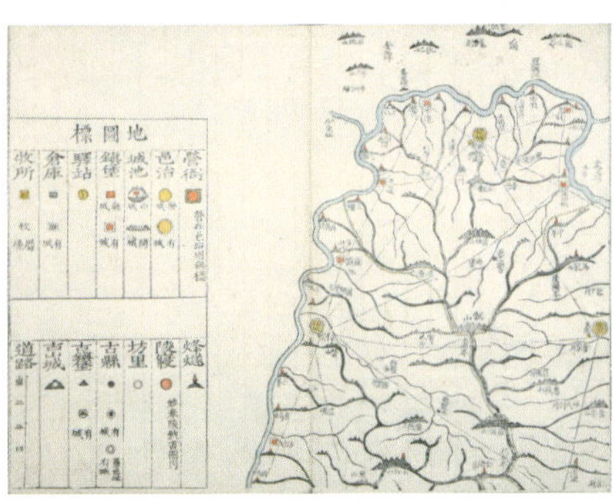

도로와 하천을 구분해 볼까요?

목판에서 하나의 색으로 인쇄되기 때문에 도로와 하천을 구분할 수 있도록 도로는 직선으로 표시했어요.

수업? 재미 up! 흥미 up!

핵심 쏙쏙

▣ 김정호가 1861년에 만든 이 지도의 이름은 무엇인가요?

▷ 대동여지도입니다.

▣ 대동여지도는 어떤 방식으로 만들었나요?

▷ 우리나라 남북을 22층으로 나누고 각각을 병풍처럼 접어 책으로 만들었습니다. 책을 위아래로 연결하면 거대한 지도가 완성됩니다.

▣ 이 형식의 장점은 무엇일까요?

▷ 편리하게 가지고 다닐 수 있습니다.

▣ 김정호는 대동여지도를 어떻게 만들었을까요?

▷ 이미 제작된 많은 지도들을 비교하고 검토하며 만들었습니다

▣ 대동여지도 안에서 찾아볼 수 있는 특징들은 어떤 것들이 있나요?

▷ 하천과 도로를 구분하기 위해 도로는 직선으로 표시했습니다.

▷ '기호'를 사용해 간단하게 표시했습니다 등

흥미 솔솔

▣ **함께 보면 좋은 유물**

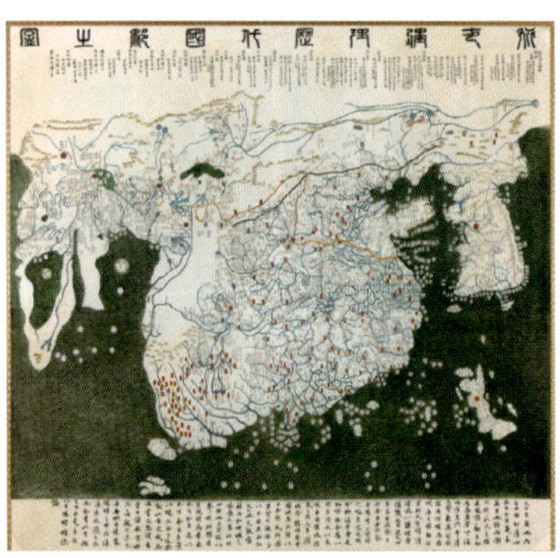

혼일강리역대국도지도(1402)

신증동국여지승람(1530)

▣ **함께 보면 좋은 영상**

있는 그대로의 세상을 담은 현대적인 지도 대동여지도(4분 34초)

한반도를 옮겨 담다, 대동여지도

1. 대동여지도에 대한 알맞은 설명을 <보기>의 낱말을 활용하여 완성해 봅시다.

<보기>

전국지도, 자연환경, 목판, 병풍, 대동여지도

① ______ 는 1861년 김정호가 목판으로 새긴 후 인쇄하고 발행한 전국지도입니다.

② 대동여지도는 우리나라 땅을 남북으로 22층으로 나누고 각 층을 길게 이어 ______ 처럼 접을 수 있는 책으로 만들었습니다.

③ 지도를 ______ 에 새겨 찍어내면 손으로 옮겨 그릴 때 생기는 잘못을 막을 수 있고 여러 장을 찍을 수 있어요.

④ 김정호가 만든 대동여지도에는 우리나라의 ______ 이 자세하게 묘사되어 있습니다.

2. 대동여지도의 한 부분입니다. 지도를 자세히 살펴보며 대동여지도의 특징을 찾아봅시다.

산줄기는 (   )의 차이로 높낮이를 표현했어요. 하천과 도로를 구분할 수 있게 도로는 직선으로 표현했어요. 또한 군현 사이에는 (   )리마다 점을 찍어 거리를 가늠할 수 있어요.

이전에는 글자로 표시하던 주요 지점과 시설들을 (   )로 나타내었어요. 그리고 지도 윗부분에 표로 정리했어요.

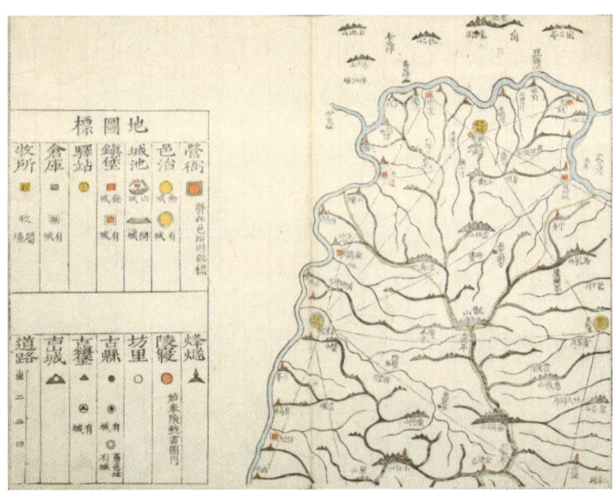

행복을 바라는 그림

49. 호랑이와 까치

호랑이와 까치(작자 미상, 조선 시대)

조선 후기에 경제가 발전하면서 서민들도 문화적 여유를 가지게 되었고, 그로 인해 민화가 많이 그려졌습니다. 민화는 사람들의 일상적인 소망과 바람을 표현한 그림으로 특히 건강, 행복, 재물, 자식의 번창 등을 기원하는 내용을 담고 있습니다. 사람들은 이런 민화를 자주 볼 수 있도록 생활 공간에 걸어 두기도 했습니다.

그중 많이 그려졌던 그림이 바로 이 '호랑이와 까치' 그림입니다. '호작도'라고도 불리는 이 그림에는 화폭을 가로지르는 커다란 호랑이와 까치, 그리고 소나무가 함께 그려져 있습니다. 이 민화에는 새해를 맞이하여 집 안에 평안과 복을 기원하는 의미가 담겨 있습니다.

민화에서 호랑이, 까치, 소나무의 의미

민화 속에서 호랑이, 까치, 소나무는 일정한 구도로 그려집니다. 대개 그림의 중앙에 호랑이가 그려지고 그 주변에 소나무와 까치가 배치됩니다.

호랑이는 힘과 용맹을 상징하며 집 안으로 들어오는 잡귀과 재난을 막아주는 신령한 존재로 묘사됩니다.

호랑이를 사납고 무서운 모습보다 친근하고 해학적인 느낌으로 그렸는데 사람들을 보호하고 기운을 북돋아 주는 영물로 표현한 것입니다.

까치는 호랑이 위에 자리하고 있습니다. 까치는 예로부터 좋은 소식을 전하는 새로 여겨져 민화에서 까치가 그려지면 가정에 행복과 평안을 가져온다는 의미를 지니게 됩니다.

그리고 배경에 그려진 소나무는 세월을 견디는 강한 생명력을 의미하고, 또한 겨울철에도 푸른 모습을 유지하기 때문에 정월을 상징하기도 합니다.

사람들은 호랑이와 까치 그림을 집 안에 걸며 새해를 맞이하여 가정에 행복이 가득하기를 바랐습니다.

수업? 재미 up! 흥미 up!

핵심 쏙쏙

▣ 조선 후기 서민들이 즐기던 그림은 무엇입니까?

▷ 민화입니다.

▣ 서민들도 집 안에 그림을 걸고 즐길 정도로 문화생활을 할 수 있게 됐다는 것에서 알 수 있는 사회적인 변화는 무엇일까요?

▷ 경제가 발달하여 문화를 즐길 여유가 생겼다는 것을 의미합니다.

▣ 민화에서 호랑이가 의미하는 것은 무엇입니까?

▷ 집 안에 들어오는 잡귀와 재난을 막아주는 신령한 존재를 의미합니다.

▣ 민화에서 까치가 의미하는 것은 무엇입니까?

▷ 반가운 소식, 행복과 평안을 가져다주는 것을 의미합니다.

▣ 민화에서 소나무가 의미하는 것은 무엇입니까?

▷ 강인한 생명력과 정월을 의미합니다.

▣ 새해에 호랑이와 까치 그림을 걸었던 까닭은 무엇이었을까요?

▷ 새해에 집 안에 들어오는 재난과 잡귀를 막고 평안과 복을 기원했습니다.

흥미 솔솔

▣ 사람들의 소망을 표현한 민화와 그 의미

<장생도>
장수, 건강

<모란도>
부귀

<어해도>
다산, 번영

<화조도>
부부의 화합, 행복

행복을 바라는 그림, 호랑이와 까치

1. 그림에 나오는 호랑이, 까치, 소나무가 의미하는 것은 무엇인지 알아봅시다.

호랑이	
까치	
소나무	

2. 호랑이, 까치, 소나무의 의미를 생각했을 때 호랑이와 까치 그림을 걸었던 이유는 무엇일지 써 봅시다.

____

____

____

3. 민화의 소재에는 다양한 의미가 있습니다. 내가 집에 걸고 싶은 민화의 소재를 골라 그리고 이유를 적어 봅시다.

예시)

- 사슴: 장수, 우애
- 부엉이: 장수
- 양: 평화
- 말: 의리
- 공작: 화려함과 부귀
- 게: 장원급제, 출세
- 연꽃: 청빈함
- 소: 번창
- 해태: 정의
- 벌: 성실
- 용: 권위
- 개: 재난예방

	내가 고른 소재와 그리고 싶은 이유

활동지 정답

01 주먹도끼

- 주먹도끼

02 갈돌과 갈판

- 돌
- 칼, 도마, 절구, 공이, 망치 등
- 신석기
- 갈판 위에 도토리나 곡물을 놓고 갈돌로 내리치거나 밀거나 당기고 갈았을 것 같다.
- 도토리 같은 열매의 껍질을 까는 것에서 곡물을 가루로 만드는 것으로 변화되었을 것 같다.

03 빗살무늬 토기

- 물, 식량
- 저장, 불
- 모래나 흙에 구멍을 파서 토기를 세워둘 수 있어요.
- 빗살무늬, 마름모, 원, 점 등
- 빗살무늬

04 고인돌

1. 지배계급의 무덤이었다.
2. 4-1-5-2-3
3. 탁자식
4.

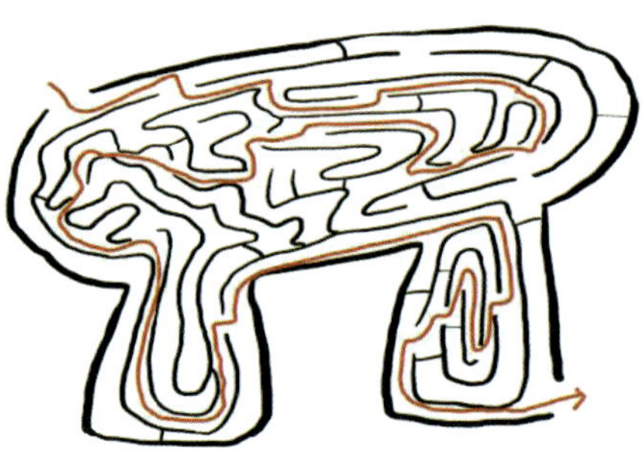

05 울주 대곡리 반구대 암각화

① -ㄷ ② -ㄱ ③ -ㅁ ④ -ㅂ ⑤ -ㄹ ⑥ -ㄴ

06 농경문 청동기

1. 청동, 수확, 제사, 풍요
2. ① 밭을 가는 사람, 괭이와 비슷한 도구를 든 사람, 항아리에 뭔가 담는 사람

07 동검

1. ① 지배층 ② 비파형 ③ 한국식 ④ 거푸집
2. 비파형 동검, 세형 동검, 가늘고 긴 형태, 한반도, 한반도에서 독자적인 청동기 문화가 있었음.

08 잔무늬거울

1. 청동방울/빛/삼각무늬/잔무늬

09 판갑옷

- 이 갑옷은 철판으로 만든 판갑옷입니다.
- 옷처럼 입을 수 있게 하기 위해 여러 개의 판을 이어 붙여 굴곡이 있도록 만들고 앞부분은 분리가 되도록 만들었습니다.
- 우리 가야는 갑옷을 만들기 위한 조건이 잘 갖추어져 있습니다. 그것은 우리 가야 땅에서 철이 많이 생산되고 있고 철을 다루는 수준 높은 기술을 가지고 있다는 것입니다.
- 사실 조금 불편한 것도 사실입니다. 왜냐하면 철이 굉장히 무겁고, 단단하기 때문입니다.

10 무용도와 수렵도

1. 화려한, 점, 말, 군대, 방

11 광개토대왕릉비

1. 국내성, 장수왕, 강대국, 탁본
2.

아	동	개	토	장	광	태	영	본	장
신	아	삼	국	제	왕	중	비	업	왕
역	시	광	개	동	시	비	장	적	전
재	아	박	물	장	아	확	고	구	탁
전	강	관	라	백	수	태	문	국	석
사	대	광	개	토	대	왕	릉	비	내
학	국	내	성	석	대	국	쟁	고	기
자	박	국	현	영	한	다	구	시	대
미	연	탁	본	왕	토	려	리	상	국
구	술	사	삼	국	민	국	위	강	대

12 칠지도

1. O, X, O, X, O, X

13 정림사지 오층석탑

1. X, O, O, O
2. 기단/5층/지붕돌

14 산수무늬벽돌

1. X, X, O, O
2. 신비로운 구름이 있고 그 아래 산과 나무들이 있습니다. 벽돌 아래쪽에는 흐르는 물이 있습니다. 집과 신선의 모습도 보입니다.

15 백제 금동대향로

1. 성왕, 봉황, 연꽃, 불교, 받침
2.

16 마애여래삼존상

❶ 반가사유상
❷ 두려움
❸ 소원
❹ 미소

17 금동미륵보살반가사유상

1. 사람들을 구하고 싶어서 고민하는 것 같아요 등
2. 한쪽 다리를 다른 쪽 무릎 위에 올려놓고, 은은한 미소를 띠고 있습니다.
3. 삼산반가사유상은 머리에 세 개의 둥근 산모양 관이 있다. / 일월식삼산관사유상은 해와 초승달 모양의 관을 쓰고 있다.
4. 옷의 모양이 다르다, 머리에 쓴 관이 다르다 등
5. 많은 사람들이 불교를 믿게 하기 위해서 / 소원을 이뤄달라고 빌기 위해서 / 어려움을 이겨내기 위해서 등

18 천마총 장니 천마도

(가로 열쇠)
① 천마도 ② 안장 ③ 자작나무 ④ 무용총
⑤ 금허리띠 ⑥ 삼국사기
(세로 열쇠)
① 천마총 ⑤ 금관 ⑦ 덩굴무늬 ⑧ 장니 ⑨ 기린

19 천마총 금관

❶ 하늘
❷ 생명
❸ 물고기
❹ 질병

20 기마인물형 토기

1. 금령총, 저승, 주인상, 주전자

21 토우장식 장경호

1. 목, 항아리, 토우, 현악기, 개구리, 뱀
2. (예) 거북이 혹은 자라, 개구리, 토끼나 여우, 새, 물고기, 뱀

22 진흥왕순수비

출발에서 Yes (파란색) 길만 따라가서 도착

23 첨성대

1. 동서남북, 아래 12단, 비녀석, 선덕여왕
2. (예) 첨성대 입구 창문 밑에 사다리를 놓고 출입문(창문)을 통해 내부로 들어가고, 내부에도 사다리를 놓고 꼭대기로 올라가서 하늘의 별과 달을 관측했을 것 같다.

24 석굴암

1. 토함산, 본존불, 지하수, 돔

25 불국사 청운교와 백운교

1. X, O, X, O
2. (가로 열쇠)
② 구름 ③ 경덕왕 ⑥ 대웅전
⑧ 연화교칠보교

(세로 열쇠)

① 무구정광대다라니경 ④ 극락전 ⑤ 김대성

⑦ 청운교백운교 ⑨ 다보탑

26 석가탑다보탐

- 3층 / 몇 층인지 헤아리기 어렵다.
- 석가탑이 조금 더 안정적으로 보인다.
  반듯하고 단단해 보이며 아래가 넓고
  위로 갈수록 좁아지는 모양이 안정적이다.
- 다보탑이 석가탑에 비해 더 장식적으로 화려해 보인다.

27 무구정광대다라니경

1. O, X, O, O

28 성덕대왕신종

1. 경덕왕, 혜공왕, 비천상, 진동
2. (가로 문제) 1. 진흥왕순수비 3. 천마총
   4. 국립경주박물관 7. 성덕대왕신종
   9. 대나무
   (세로 문제) 2. 비천상 5. 유물
   6. 경덕왕 8. 신라 시대

29 청동 은입사 포류수금문 정병

1. 1) 고려 시대
   2) 부처님에게 깨끗한 물을 바치는 그릇으로 사용했습니다.
   3) 정병에 홈을 파고 그 안에 가늘게 만든 은실을 넣어 무늬를 새겼습니다.

30 청자 상감 운학문 매병

1. 고려 시대
2. 양반
3. 비색, 비취옥의 푸른 비색
4. 상감기법

31 해인사 대장경판

1. 절, 대장경판, 팔만대장경, 장경판전
2. 공기가 위아래로 돌아나갈 수 있어서 실내 온도를 유지할 수 있다. / 습도

32 수월관음도

수월관음도는 고려 시대의 불화로 관음보살의 모습을 그렸습니다. 선재동자의 방문을 받는 관음보살은 화려하고 투명한 옷감으로 지은 옷을 입고 달을 배경으로 앉아있습니다. 투명한 염주와 연꽃 등 불교의 특징을 잘 나타내고 있는 수월관음도는 전세계에 40여 점이 있지만 우리나라에는 6점만 남아 있습니다. 고려 사람들은 이렇게 아름다운 수월관음도를 보며 신앙심이 더욱 깊어졌을 것 같습니다. 수월관음도가 우리나라로 돌아오기를 바랍니다.

33 경천사지 십층석탑

1. 기단, 원나라, 대리석, 일제

34 부석사 무량수전

1. O, O, O, O, O, X
2. (예) 무량수전 건물이 이루는 황금비율과 배흘림기둥이 아름답다. 공포가 무엇인지 몰랐는데 처마의 무게를 받쳐주는 것에도 장식을 넣어 멋스럽다. 등

35 직지심체요절

1. 직지
2. (예) 청주시 흥덕사에서 간행된 직지심체요절은 유네스코 세계기록유산이다.

직	지	심	체	요	절		유		흥	덕	사	인	쇄	본		금
		프	박				네						국			속
	랑			병			스					립				활
스					선		코				도	청				자
										서			주			백
		세	계	기	록	유	산		관					시		운
							불									
							교									

36 건원중보

1. 1) 백성들 사이에서는 물물교환을 하고 있었다. 주조량이 적어서 교환 수단으로 정착되지 못했다.
   2) 시장과 상공업이 발달되었다.
2. (가로 열쇠)
   ① 주화 ③ 당나라 ④ 흥선대원군 ⑤ 상평통보
   ⑦ 조선통보
   (세로 열쇠)
   ① 주조 ② 건원중보 ③ 당백전 ⑤ 상공업 ⑥ 유통

37 하회탈

1. 고려, 안동, 특징, 성황

38 경회루

1. 왕, 어도　2. 땅, 하늘　3. 왕　4. 궁궐

39 종묘

1. 태조, 신주, 제사, 정전
2. (가로 문제) 1. 종묘제례악 3. 유네스코 세계유산
   6. 신라 시대 7. 정전 8. 경천사지십층석탑
   (세로 문제) 2. 제사 4. 이성계 5. 산수문전
   6. 신주 8. 경전

40 자격루

1. 자동알람시계
2. 7시
3.

토	가	쥐	어	민	계	바	말
자	끼	사	마	창	닭	송	재
구	술	용	장	경	시	소	문
미	지	민	서	원	숭	이	혼
돼	방	물	거	성	성	민	공
격	양	동	호	슬	동	개	전
나	혼	자	리	랑	운	주	의
성	뱀	항	아	구	이	연	사

41 몽유도원도

1. 안평대군, 복숭아꽃, 서예문화, 신선세상

42 호패

1. 예 → 예 → 예 → 예 → 아니오
2. O, X, X, O

43 분청사기 음각어문 편병

1. 물고기, 하얀색, 조선, 실용적
2.

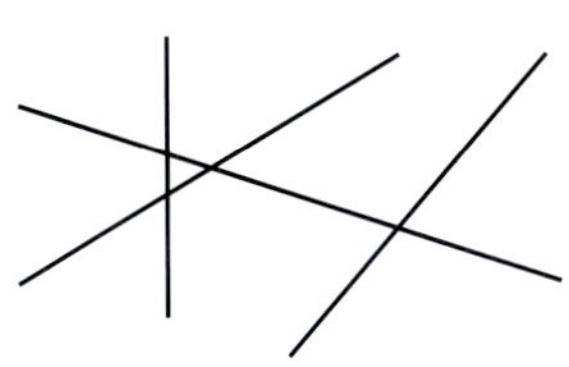

44 백자 달항아리

1. 두, 지름, 흙물, 문질러, 유약

45 윤두서 자화상

1. 1) (각자 자유롭게 쓰기)
   2) 탕건이 잘린 윗부분, 몸통 없이 머리만 그려진 점, 강렬한 눈빛 등
   3) 관모를 쓰는 머리 부분이 잘려있어요 등
   4) 원래의 모습과 똑같이 표현하고 싶었기 때문입니다.
   5) 바른 정신과 당당한 모습/강하면서 올곧은 정신 등

46 금강전도

1. 조선, 정선, 실제, 둥근
2. 진경산수화금강전도

47 씨름

- (예) 다음에 제가 나가보려고 기다리는 중입니다.
- (예) 지금 경기가 아주 오래 이어지고 있어서요
- (예) 오늘 장사 아주 잘되어 기분이 좋아요.
- (예) 아자! 이제 제가 곧 이깁니다 헤헤
- (예) …….

48 대동여지도

1. 대동여지도, 병풍, 목판, 자연환경
2. 굵기, 10, 기호

49 호랑이와 까치

1. 까치-행복, 좋은 소식을 가져옴. 호랑이-잡귀와 재난을 막아줌. 소나무-정월
2. 새해를 맞이하여 가정에 들어올 수 있는 잡귀와 재난을 막고, 행복과 좋은 소식을 가져오기를 바랐다.

사진 출처

01 주먹도끼 <주먹도끼>: 국립중앙박물관

02 갈돌과 갈판 <갈돌과 갈판>: 국립중앙박물관

03 빗살무늬 토기 〈빗살무늬 토기〉: 국립중앙박물관, 〈서울 암사동 유적지〉: 국가유산청

04 고인돌 〈강화 부근리지석묘〉, 〈강화 부근리 점골 고인돌〉: 강화군청 홈페이지, 〈고창 죽림리고인돌군〉, 〈강화 부근리고인돌군〉: 국가유산청

05 울주 대곡리 반구대 암각화 〈울주 대곡리 반구대 암각화〉: 울산암각화박물관, 〈울주 대곡리 반구대 암각화 복원도〉: 국립문화연구소 〈울주 대곡리 반구대 암각화 전경〉, 〈학습지 배경〉: 국가유산청

06 농경문 청동기 〈농경문 청동기〉, 〈농경문 청동기 확대〉, 〈민무늬 토기 항아리〉, 〈반달돌칼〉: 국립중앙박물관

07 동검 〈요령식동검〉, 〈한국식 동검〉, 〈비파〉, 〈요령식동검〉, 〈한국식 동검〉, 〈한국식동검 거푸집〉, 〈중국식 동검〉: 국립중앙박물관

08 잔무늬거울 〈잔무늬거울 한기독교박물관 소장〉, 〈화순 대곡리 청동기 일괄〉, 〈논산 청동방울 일괄〉: 국가유산청

09 판갑옷 〈판갑옷과 투구〉, 〈투구〉, 〈오른쪽 옆구리〉, 〈왼쪽 옆구리〉: 국립중앙박물관, 〈말모양허리띠고리〉, 〈말 띠드리개〉, 〈고리자루 큰 칼〉: 국립김해박물관

10 무용도와 수렵도 〈무용총 무용도〉: 매일경제(2017.10.19) https: //www.mk.co.kr/news/culture/8015040, 〈무용총 수렵도〉: 나무위키 https: //namu.wiki/w/무용총, 〈무용총 구조〉: 우리역사넷

11 광개토대왕릉비 〈천안 독립기념관에 재현된 광개토대왕릉비〉: 공유마당, 〈광개토대왕릉비 동면〉, 〈광개토대왕릉비 탁본〉: 국립중앙박물관, 〈충주고구려비〉: 국가유산청

12 칠지도 〈칠지도 모조품〉: 국립부여박물관, 〈백제 입점리고분 금동관〉: 입점리 고분 전시관, 〈일본 에타후나야마고분 금동관모〉: 일본 e국보 사이트

13 정림사지 오층석탑 〈부여 정림사지 오층석탑〉, 〈석탑의 지붕돌〉, 〈석탑의 기단부〉, 〈부여 정림사지 복원도〉, 〈부여 정림사지 석조여래좌상〉: 국가유산청

14 산수무늬벽돌 〈산수무늬벽돌〉, 〈산수봉황무늬벽돌〉, 〈용무늬벽돌〉, 〈봉황무늬벽돌〉, 〈연꽃무늬벽돌〉, 〈연꽃구름무늬벽돌〉 〈부여외리문양전 출토사진〉: 국립중앙박물관

15 백제 금동대향로 〈백제 금동대향로〉: 저자, 〈금동대향로 뚜껑 그림〉: 국립부여박물관, 〈박산향로〉: 국립중앙박물관

16 마애여래삼존상 〈마애여래삼존상〉, 〈본존불상〉, 〈제화갈라보살입상〉, 〈미륵반가사유상〉: 국가유산청

17 금동미륵보살반가사유상 〈삼산관반가사유상〉, 〈일월식삼산관반가사유상〉, 〈삼산관반가사유상 뒷모습〉, 〈일월식삼산관반가사유상 뒷모습〉: 국립중앙박물관, 〈고류지 목조미륵반가상〉: 고류지 소장, 매일경제(2019. 07. 17) https: //www.mk.co.kr/news/culture/8900858

18 천마총 장니 천마도 〈장니천마도〉, 〈천마도(발굴직후)〉: 국가유산청, 〈장니〉: 말박물관에서 촬영(저자), 〈천마도발굴모습〉: 국립경주문화재연구소, 〈적외선촬영천마도〉: 국립중앙박물관

19 천마총 금관 〈천마총 금관〉, 〈금제허리띠〉, 〈금제허리띠 확대사진〉, 〈황남대총금관〉, 〈금관총금관〉, 〈서봉총금관〉, 〈금

령총금관〉: 국가유산청, 〈천마총금관 발굴당시 사진〉: 국가문화유산청, 국립문화재연구소

20 기마인물형 토기 〈기마인물형 토기〉, 〈기마인물형 토기 확대〉: 국립중앙박물관, 〈기마인물형 명기〉, 〈금령총금관〉, 〈금령총 출토 금제 허리띠〉: 국가유산청

21 토우장식 장경호 〈토우장식장경호〉: 국립경주박물관, 〈신라토우들〉: 국립중앙박물관

22 진흥왕 순수비 〈진흥왕순수비정면〉, 〈순수비측면〉, 〈비봉원위치〉: 국립중앙박물관, 〈순수비탁본〉, 〈진흥왕순수비〉, 〈창녕비〉: 국가유산청, 〈신라 최대영토와 진흥왕 순수비 분포지도〉: 백지도 다운 및 자체 제작, 〈황초령비〉, 〈마운령비〉: 국립문화유산연구원

23 첨성대 〈첨성대〉: 국가유산청

24 석굴암 〈석굴암 본존불〉, 〈돔 구조의 천장과 쐐기돌〉, 〈본존불 주위의 불상들〉, 〈정면에서 바라본 본존불〉: 국가유산청

25 불국사 청운교와 백운교 〈경주 불국사 청운교와 백운교〉, 〈경주 불국사 백운교〉, 〈청운교와 백운교 정면 모습〉, 〈경주 불국사 연화교와 칠보교〉: 국가유산청

26 석가탑과 다보탑 〈석가탑〉: 국립문화유산연구원, 〈다보탑〉, 〈다보탑상단〉, 〈돌사자상〉: 국가유산청

27 무구정광대다라니경 〈무구정광대다라니경〉: 한국학중앙연구원, 〈석가탑사리장엄구〉, 〈무구정광대다라니경 발견당시 일부〉: 국가유산청, 〈무구정광대다라니경 발견 당시 모습〉: 동아일보(2009.09.27) https: //www.donga.com/news/Culture/article/all/20070326/8422487/1

28 성덕대왕신종 〈성덕대왕신종〉: 국가유산청, 〈성덕대왕신종〉, 〈성덕대왕신종 확대〉: 국립경주박물관, 〈미국 자유의 종〉: 나무위키 https: //namu.wiki/w/자유의%20종, 〈러시아 황제의 종〉: 위키피디아 https: //ko.wikipedia.org/wiki/차르의 종

29 청동 은입사 포류수금문 정병 〈청동 은입사 포류수금문 정병〉: 국립중앙박물관, 〈청동 은입사 포류수금문 향완〉, 〈청자 양각 갈대기러기문 정병〉: 국가유산청

30 청자 상감 운학문 매병 〈청자 상감 운학문 매병 간송미술관 소장〉, 〈청자 모자원숭이모양 연적〉: 국가유산청, 〈청자 상감 모란구름학무늬 베개〉, 〈청자 사자형 뚜껑 향로〉, 〈청자 상감 연꽃 넝쿨 동자무늬 합〉, 〈청자 투각 칠보무늬 향로〉, 〈청자 거북이모양 연적〉, 〈청자 투각 용머리장식 붓꽂이〉, 〈청자 배 모양 변기〉, 〈청자 상감 국화무늬 잔과 잔받침〉, 〈청자 상감 동화 포도동자무늬 조롱박모양 주전자와 받침〉, 〈청자 어룡모양 주전자〉, 〈청자 참외모양 병〉, 〈청자 상감 모란무늬 항아리〉, 〈청자 투각 의자〉, 〈청자 철화 모란무늬 주전자〉, 〈청자 동화 퇴화무늬 병〉: 국립중앙박물관

31 해인사 대장경판 〈합천 해인사 대장경판 대반야바라밀다경(앞)〉, 〈팔만대장경〉, 〈해인사 장경판전〉, 〈합천해인사〉: 국가유산청

32 수월관음도 〈수월관음도(서구방)〉: 센오쿠학고간소장, 〈수월관음도〉: 가가미신사소장

33 경천사지 십층석탑 〈경천사지 십층석탑〉, 〈경천사지 십층석탑 확대〉: 국립중앙박물관, 〈월정사 팔각 구층석탑〉: 국가유산청

34 부석사 무량수전 〈무량수전〉, 〈무량수전 내부〉, 〈공포〉, 〈귀공포〉, 〈배흘림기둥〉, 〈무량수전 우측〉: 국가유산청, 〈부석〉: 영주시 문화관광 홈페이지 부석사, 〈부석사 전경〉: 저자

35 직지심체요절 〈직지심체요절〉: 주유네스코 대한민국 대표부, 〈직지 마지막 장〉: 프랑스국립도서관 전자도서관 '갈리카'에서 다운로드

36 건원중보 〈건원중보〉, 〈조선통보해서체〉, 〈조선통보팔분서체〉, 〈상평통보〉: 한국은행화폐박물관

37 하회탈 〈양반탈 3D 복원〉: 국가유산청, 〈각시탈〉, 〈선비탈〉, 〈부네탈〉, 〈백정탈〉, 〈이매탈〉, 〈중탈〉, 〈할미탈〉, 〈초랭이탈〉: 안동하회마을 홈페이지, 〈하회 별신굴 탈놀이 모습〉: 디지털 안동문화대전

38 경회루 〈경회루〉, 〈돌다리 3개〉, 〈경회루 1층〉, 〈경회루 2층〉, 〈계단〉, 〈이견문에서바라본경회루〉, 〈마루의 높이〉: 저자, 〈잡상〉: 국가유산청

39 종묘 〈종묘 정전의 여름과 가을〉, 〈종묘 신로〉, 〈종묘 정전 신실 입구〉, 〈사직단〉: 국가유산청

40 자격루 〈창경궁자격루〉: 한민족대백과사전, 〈자격루 복원품〉: 서울고궁박물관, 〈앙부일구〉: 국립중앙박물관

41 몽유도원도 〈몽유도원도〉: 공유마당, 〈신문기사〉: 경향신문(2017.11.15) https: //www.khan.co.kr/article/201711152

354001

42 호패 〈호패〉, 〈마패(뒤)〉, 〈마패(앞)〉, 〈문신 김희 호패〉: 국립중앙박물관

43 분청사기 음각어문 편병 〈분청사기 음각어문 편병〉: 나무위키 https: //namu.wiki/w/분청사기%20음각어문%20편병, 〈분청사기 음각어문 편병〉, 〈청자 상감운학문 매병〉, 〈백자 달항아리〉: 국가유산청, 〈분청사기 상감 새 대나무 백합무늬 매병〉, 〈분청사기 박지 모란 넝쿨무늬 편병〉, 〈분청사기 조화 모란무늬 납작병〉, 〈분청사기 철화 넝쿨무늬 장군〉, 〈분청사기 귀얄무늬 병〉, 〈분청사기 인화무늬 합〉, 〈분청사기 덤벙 호형주자〉: 국립중앙박물관

44 백자달항아리 〈백자달항아리〉, 〈백자 청화매화 대나무 새 무늬 항아리〉, 〈백자 청화산수무늬연적〉, 〈백자 진사 포도문 환호〉, 〈백자 병〉, 〈백자 철화 매화 대나무무늬항아리〉, 〈백자 상감 나무무늬병〉: 국립중앙박물관

45 윤두서 자화상 〈윤두서 자화상 고산윤선도박물관 소장〉: 국가유산청: 〈윤두서 자화상 촬영본〉, 〈서직수 초상〉, 〈백허묵 초상〉: 국립중앙박물관, 〈렘브란트자화상〉: 워싱턴 내셔널 갤러리 소장

46 금강전도 〈정선필 금강전도〉: 국가유산청, 〈금강산 사진〉: 연합뉴스(2023.10.24) https: //www.yna.co.kr/view/PYH20231024122600042, 〈인왕제색도〉: 국립중앙박물관, 〈몽유도원도〉: 공유마당

47 씨름 〈씨름〉, 〈서당〉, 〈무동〉, 〈기와이기〉, 〈활쏘기〉: 국립중앙박물관, 〈3대 오타니 오니지의 얏코에도베〉: 메트로폴리탄미술관, 〈군선도 일부〉: 리움미술관

48 대동여지도 〈대동여지도〉, 〈대동여지도(기호)〉, 〈신증동국여지승람1〉, 〈신증동국여지승람2〉: 서울대학교 규장각한국학연구원, 〈대동여지도 목판〉: 국립중앙박물관, 〈혼일강리역대국도지도〉: 위키피디아 https: //ko.wikipedia.org/wiki/혼일강리역대국도지도

49 호랑이와 까치 〈호랑이와 까치〉, 〈장생도〉, 〈모란도〉, 〈어해도〉, 〈화조도〉: 국립중앙박물관

저자 소개

류재만

서울교육대학교를 졸업하고 한양대학교, 단국대학교 대학원에서 석사학위, 홍익대학교 대학원에서 박사학위를 취득하였다. 서울시내 초등학교 교사로 19년 10개월을 근무하면서 초등학교 현장 경험을 쌓았고 미술교육 관련 제 문제를 연구하고 있다. 그동안 초등 미술 국정교과서, 검인정 초등미술 교과서, 중등 미술교과서를 집필했다. 『미술교육학』, 『초등미술과 교수법』, 『미술교육이론과 사상』, 『재미있는 미술감상수업』, 『명화로 도덕수업을 바꾸다』, 『선생님, 오늘 미술 뭐해요?』, 『미술영재교육의 이론과 실제』 등을 출간하였다. 한국초등미술교육학회장, 한국미술교육학회 회장, 한국문화예술교육진흥원 중앙 교육위원, 서울특별시교육청 문화예술교육자문위원, 국립민속박물관 운영위원을 역임하였다. 현재 서울교육대학교 교수이다.

김선아

서울교육대학교를 졸업하고, 서울교육대학교 교육전문대학원에서 박물관·미술관교육 전공 석사과정 중에 있다. 현재 서울특별시 교육청 소속 서울서일초등학교 교사이다.

김은미

서울교육대학교를 졸업하고, 서울교육대학교 교육전문대학원에서 박물관·미술관교육 전공 석사과정 중에 있다. 현재 서울특별시 교육청 소속 서울전동초등학교 교사이다.

송미영

서울교육대학교를 졸업하고, 서울교육대학교 교육전문대학원에서 초등미술교육 전공 석사과정 중에 있다. 현재 서울특별시 교육청 소속 서울서이초등학교 교사이다.

이수지

서울교육대학교를 졸업하고, 서울교육대학교 교육전문대학원에서 초등미술교육 전공 석사과정 중에 있다. 현재 서울특별시 교육청 소속 서울선곡초등학교 교사이다.

이야기와 활동지가 있는
재미있는 문화유산 수업

2025년 4월 20일 1판 1쇄 인쇄
2025년 4월 25일 1판 1쇄 발행

지은이 • 류재만 · 김선아 · 김은미 · 송미영 · 이수지
펴낸이 • 한정주
펴낸곳 • 교육과학사

경기도 파주시 광인사길 71
전화 • 031)955-6956~8 / 팩스 031)955-6037
Home-page • http://www.kyoyookbook.co.kr
E-mail • kyoyookbook@daum.net
등록 • 1970년 5월 18일 제2-73호

정가 25,000원
ISBN 978-89-254-1907-7

낙장 · 파본은 교환해 드립니다.
Printed in Korea.